An Seiner Hand.
Schmunzelgeschichten, Erlebnisse und Wunder mit Gott.

Helga Franz

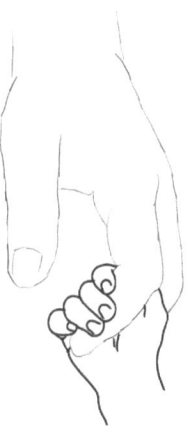

Die Bibelzitate sind der Übersetzung
nach Martin Luther entnommen:

Lutherbibel, revidiert 2017,
© 2016 Deutsche Bibelgesellschaft, Stuttgart

Lutherbibel, revidierter Text 1984, durchgesehene
Ausgabe, © 1999 Deutsche Bibelgesellschaft, Stuttgart

Bibliografische Information
der Deutschen Nationalbibliothek:
Die Deutsche Nationalbibliothek verzeichnet diese
Publikation in der Deutschen Nationalbibliografie;
detaillierte bibliografische Daten sind im Internet
über http://dnb.dnb.de abrufbar.

1. Auflage 2019
© 2019 Helga Franz
Herstellung und Verlag:
BoD – Books on Demand, Norderstedt

ISBN: 978-3-7494-8127-9

Inhalt

Vorwort 9
1 Eine kleine Leintuchgeschichte 11
2 Das Dreierschnapsen 12
3 Die Sturmstillung 13
4 Geh' über die Straße! – Ein Abenteuer 14
5 „Und jetzt?" – Ein Balanceakt des
Vertrauens auf Gott 16
6 Ein neues Bett! 18
7 Das Hutwunder 19
8 Siehe, ich mache alles neu 21
9 Aller Anfang ist schwer 22
10 Der Fleck muss weg 23
11 Der Heilige Geist – unser Beistand 24
12 Versiegelt – meine zweite Reise nach Strobl 26
13 Ein Seelsorgekind – Fortsetzung Strobl 28
14 Susanne 30
15 Das Gehorsamsgelübde 31
16 Neues Leben 33
17 Abschied nehmen 34
18 Vor einer Entscheidung 36
19 Ohne Taschentuch 39
20 Das Kreuz 41
21 Gerti Müller und die Katze 43
22 Bei Gerti Müller 45
23 Unvorhergesehenes geschieht – Gerti Müller 46
24 Gotteserkenntnis fließt ein – Gerti Müller . . 48
25 Jesus Christus am Werk – Gerti Müller 50
26 Gerti Müller – ein Kind Gottes 52

27 Ein seltsames Erlebnis 54

28 1992 weiterhin ein Schwerpunktjahr –
Christa und Christa Beer 57

29 Flug und Ankunft – Israel 59

30 Geschaute Herrlichkeit – Jerusalem 61

31 Auf dem Ölberg – Jerusalem 63

32 In Yad Vashem – Jerusalem 65

33 Unterwegs in Israel 67

34 Die beleuchtete Brücke – Jerusalem 68

35 Meine Reise nach Amerika 71

36 Die EU-Wahl 73

37 Auf der Stolzalpe 76

38 Ein neuer Dienst 79

39 Eine Gosau-Freizeit 81

40 Fortsetzung – Gosau 83

41 Ein Zeugnis 84

42 Beginn einer neuen Wegstrecke 85

43 Das Aufgeben einer großen Liebe 86

44 Der Herr greift ein 88

45 Mein Einstieg in Baden konkret 90

46 Eine turbulente Zeit 93

47 Reisebeginn – Ostern in der Wüste 96

48 Wüste: Passionstage 99

49 Wüste: Abschluss 101

50 Aus der Wüste in die Oase – Oasis 103

51 Der Feind spielt mit 106

52 Wieder in der Schule 109

53 Ein zweites Mal Amerika 112

54 Eine Zusammenfassung 115

55 Es ist genug! 117

56 Vergebliche Liebesmühe 118
57 Oliver 119
58 Näher! – Aber wie und was? 120
59 Gott erfüllt Wünsche 123
60 Es war ein schönes Fest 125
61 Das Schicksalsjahr 2013 126
62 Mein Leben in Berndorf 131
63 Durchhalten 133

Vorwort

Mit Helga Franz verbindet mich eine mittlerweile zwölf Jahre währende Freundschaft. Helga, eine 98-jährige Dame, und ich, ein 31-jähriger Naturwissenschaftler, genießen Woche für Woche einen gegenseitigen Gedankenaustausch, meist in Form eines etwa einstündigen Telefongesprächs am Sonntag Abend.

Der Anlass für unser Kennenlernen vor mehr als einem Jahrzehnt war der gemeinsame Weg in den Gottesdienst. Helga nahm das Angebot des Führerscheinneulings, sie zum Gottesdienst zu fahren, gerne an. Um die Fahrt zu bestätigen, begannen wir, am Vorabend kurz zu telefonieren. Die Gespräche wurden mit der Zeit länger und ich besuchte sie hin und wieder. Auch wenn seit Helgas Übersiedelung nach Berndorf der ursprüngliche Anlass nicht mehr gegeben ist, die Tradition der wöchentlichen Telefonate hält an.

Über die Jahre habe ich in Helga ihre besondere Beziehung zu unserem Herrn Jesus Christus beobachten können, in der sie mir ein großes Vorbild geworden ist. Ihr Christ-Sein beschränkt sich keineswegs auf fromme Aktivitäten wie etwa Besuch von Gottesdiensten und Bibelkreisen, sondern kommt vielmehr in allen Bereichen des täglichen Lebens zum Ausdruck. Geht sie einkaufen, dann bespricht sie beispielsweise das in Frage kommende Kleidungsstück mit Jesus. Lassen bei einem Spaziergang die Schmerzen in den Knien die Sorge nach einem weiteren Sturz groß werden, dann bringt sie das unmittelbar im Gebet vor Gott und bittet ihn darum, auch im aktuellen Moment ihrem Bewegungsapparat die nötige Stabilität zu verleihen.

Dabei sind Helgas Gebete nicht innere Monologe, sondern Zwiegespräche mit Jesus Christus. Sie spricht mit Jesus wie mit einer sichtbaren Person, mit Fragen und Antworten, Sprechen und Zuhören. Schwierige Fragen bringt sie gemeinsam mit ihrer Gebetspartnerin vor Gott. Und Gott antwortet dann manchmal in konkreten Worten und Sätzen, manchmal in Eindrücken, manchmal auch in Bildern, die vorwiegend vor dem inneren Auge ihrer Gebetspartnerin erscheinen.

Helgas Gottesbeziehung kommt in erster Linie darin zum Ausdruck, wie sie ihren Alltag mit Jesus lebt. Aus ihren 38 Jahren der entschiedenen Nachfolge weiß sie überdies von einigen spektakulären Erlebnissen zu berichten. Es ist mein Wunsch, dass der Leser so wie ich Freude daran findet, zu beobachten, wie das Einlassen auf eine bedingungslose Beziehung zu Gott nicht ohne Auswirkung bleibt.

Martin Pfister

Eine kleine Leintuchgeschichte

1

Meine Tochter Christa und ich waren zu einem Abendessen in meiner Wohnung in Baden beisammen. Sie hatte Wäsche gewaschen und wollte ein Leintuch auf der Zentralheizung trocknen, ich hingegen war für den Wäscheständer. Wir griffen beide danach, hielten es fest und zogen es an uns; es entstand ein kleines Kraftspiel, das uns zum Lachen brachte.

Die Pointe: Ich ließ los, weiß aber nicht mehr, wo das Leintuch letztlich gelandet ist. Seltsamerweise regte Gott mich danach an, Christa, die inzwischen wieder in die USA gereist war, schriftlich für mein „Stur-Sein" um Vergebung zu bitten. Ich tat es, der Brief kam allerdings nicht bei ihr an, aber ich erhielt vom Herrn ein Lob für meinen Gehorsamsschritt.

2 Das Dreierschnapsen

Während meines Aufenthaltes im Caritas-Heim in Baden wurde ich einmal gebeten, für eine ausgefallene dritte Spielerin beim Dreierschnapsen einzuspringen. Ich tat es mit wenig Begeisterung und erst, nachdem ich im Gebet von Jesus Christus Seine Zustimmung bekommen hatte. Dieses an sich profane Kartenspiel sollte zu einem kleinen seelsorgerlichen Dienst durch mich an einer der beiden Spielerinnen, einer starken Cholerikerin, führen. Der Herr hieß mich noch bleiben, als ich schon zweimal aufhören wollte. Einmal stellte Jesus meine zu Unrecht angegriffene Ehre humorvoll wieder her.

Ich möchte es kurz erklären: Beim Dreierschnapsen kann man unter anderem einen „Bettler" ansagen, der fünf Punkte zählt. Bei einem solchen von mir gespielten wurde ich von dieser Mitspielerin in lauter, aggressiver Weise eines angeblichen Fehlers schuldig gesprochen. Als wieder Ruhe eingetreten war, übernahm der Herr das Spiel und legte durch mich fünf Bettler hintereinander auf den Tisch, was zuvor noch nie vorgekommen war. Den anderen blieb der Mund offen stehen – und ich sah mit einem dankbaren Lächeln zu Ihm empor.

Die Sturmstillung

Nach dem Tod meines Mannes 1976 lebte ich noch etwa 20 Jahre in unserem ehemaligen Betriebshaus in Wien; tagsüber war es mit eingemieteten Firmen besetzt, nachts jedoch war ich mit einer Hausbesorgerin allein in dem großen Haus. Meine Wohnung mit einem schönen Dachgarten lag im 3. Stock.

Es war am 26. Jänner 1994, als in der Nacht ein orkanartiger Sturm losbrach; er tobte, man konnte Angst bekommen. Ich zitterte um die Rauchfänge, die nicht mehr die besten waren. Als ich beim Dielenfenster stand und an die Sturmnacht Jesu dachte, betete ich einfältig: „Herr, kann ich den Sturm auch stillen?" Er darauf: „Du musst hinaus in den Sturm gehen." Ich ging auf den Dachgarten und forderte im Namen Jesu die Stillung des Sturmes – und der Sturm schwieg. Die plötzliche Stille war geradezu unheimlich. Ich legte mich wieder nieder und erlebte eine tiefe Geborgenheit – wie in des Vaters Armen.

Dieses plötzliche Ende des Sturms war am nächsten Tag ein vorrangiger Gesprächsstoff, auch im Wetterbericht. Ich teilte mein Erlebnis jedoch niemandem mit, sondern bewahrte die Freude darüber in meinem Herzen – verbunden mit einem tief empfundenen Dank für die mir verliehene Autorität.

4 Geh' über die Straße! – Ein Abenteuer

Meine Wohnung im dritten Stock hatte auch Zimmer auf eine wenig befahrene Nebenstraße; gegenüber standen ebenfalls hohe Häuser. In einem solchen mit ungefähr gleicher Höhe wohnte ein fülliger, kahlköpfiger Mann, der den ganzen Tag mit nacktem Oberkörper am Fenster lag und zu mir herübersah, was ich als sehr unangenehm empfand. Er sei aggressiv hieß es, und er habe seine Wohnung verbarrikadiert. Ich sprach darüber mit Jesus Christus. Er teilte mir daraufhin mit, ich solle mich nicht fürchten und für ihn beten. Das tat ich, aber eines Tages sagte der Herr zu mir: „Geh' über die Straße und zu seiner Wohnung und hänge das Heft ‚Du bist Gottes Liebstes' (so ähnlich lautete der Titel) an seine Tür."

Ich legte mir eine Strategie zurecht, indem ich den Briefträger abpasste, der einen Schlüssel zu dem versperrten Haus hatte. Ich teilte ihm mein Anliegen mit, und er ließ mich hinein. Der Postkasten war zerstört. Der Briefträger sagte mir den Namen des Mannes und ging. Ich schrieb diesen auf das Kuvert und begann die drei Stockwerke hinaufzusteigen. Ich wusste, dass er am Vormittag üblicherweise kurz weg ging. Was würde passieren, wenn er mir jetzt entgegenkommt? Diese Vorstellung überwand ich, ging weiter und hängte das Kuvert an seine Tür; dann begann ich wieder den

Abstieg. Erleichtert trat ich ins Freie – und sah ihn kommen. Es war ein minutengenaues Timing!

Nun wollte ich beobachten, was weiter geschah. Eine ziemlich lange Zeit kam er nicht zum Fenster. Als ich ihn wieder sah, trug er ein rotes Leiberl; diese Gewohnheit behielt er bei, bis er eines Tages – angeblich wegen Brandlegung – abgeholt wurde.

Gott weiß um ihn! Für mich war es ein eindrückliches Erlebnis.

5 „Und jetzt?" – Ein Balanceakt des Vertrauens auf Gott

In der Nacht vom 16. auf den 17. Februar 2002 erlitt ich zeitig in der Früh eine Blasenblutung, erschrak sehr und rief aus:

Herr, was soll ich tun? – Spital?

Er: *Nein.*

Ich: Aber was soll ich tun?

Er: *Keine Angst haben und Ruhe bewahren.*

Ich: Der Angst widersagt – und jetzt?

Er: *Vertrauen und wieder vertrauen, dass mir nichts aus der Hand gleitet.*

Ich: Vertrauen ausgesprochen – und jetzt?

Er: *Mir übergeben.*

Ich: Ihm alle entsprechenden Organe ausgeliefert – und jetzt?

Er: *Und jetzt bitte mich um Heilung.*

Ich: Die Bitte ausgesprochen – und jetzt?

Er: *Danken und mir überlassen.*

Ich: Gedankt und Ihm alles übergeben – und jetzt?

Er: *Daran glauben, dass ich es bewirke.*

Ich: Glauben proklamiert – und jetzt?

Er: *Und jetzt lobe und preise mich.*

Ich: Ich ging eineinhalb Stunden im Vorzimmer lobpreisend hin und her – und jetzt?

Er: *Und jetzt geh wieder zur Ruhe.*

Ich legte mich ins Bett. Die Blutung hatte aufgehört und ich schlief ein.

Und jetzt: Mein Dank Dir, großer Gott, aus tiefstem Herzen!

6 Ein neues Bett!

Es war im November 1996, dass mich Gott mit der Aufforderung, ein neues Schlafzimmerbett zu kaufen, zum „Leiner", einem großen Möbelhaus in Wien, schickte. Das ließ auf einen schon von mir ins Auge gefassten Umzug schließen.

So machte ich mich am 26. November auf den Weg zum Leiner, mit der Bitte an Gott, Er möge mir dort das Bett zeigen; Er wusste ja, wo es einmal stehen würde. Als ich bezüglich des Modells fündig geworden war, konnte ich dem mich betreuenden Verkäufer jedoch keine für die Bestellung notwendigen Angaben, wie Länge, Breite, weiß oder aus Holz, wann und wohin, machen. Wir stoppelten dann doch eine Bestellung zusammen; ich erwarb zudem noch eine Matratze und hoffte auf ein kleines Wunder.

Wie sich im Februar 1997 dann herausstellte, passte es perfekt in meine neue Wohnung in der Valeriestraße 9, in meiner Traumstadt Baden bei Wien.

Danke! Gelobt sei Gott, der alles weiß!

Das Hutwunder

7

Ich betreute in den Siebzigerjahren eine liebe, alte, fast blinde Dame im 7. Bezirk ein wenig. Eines Tages bat sie mich, mit ihr einen Kasten zu entrümpeln, wobei auch ein zusammengefalteter, neuer Plastikhut zum Vorschein kam. Sie wollte ihn weggeben. Mir hingegen konnte dieser Hut bei Schlechtwetter gute Dienste leisten. Ich hatte neben meiner Handtasche noch eine sogenannte „Sitztasche" in der Größe einer Sitzfläche mit einer Schaumstoffeinlage und noch Platz genug, um darin etwas mitzunehmen. Ich benützte sie gerne und oft.

So war ich einmal an einem Freitag mit ihr zu meiner Seelsorgerin Margot unterwegs; es war ein trüber Tag und ich nahm den Hut darin mit. Als ich dann am Abend alles wieder an seinen Platz zurücklegen wollte, fehlte der Hut. Naheliegend war, Margot anzurufen, ob ich ihn bei ihr vergessen hätte. Aber er war nicht dort. Alle Erwägungen, wo er vielleicht sein könnte, brachten keinen Erfolg.

Am nächsten Dienstag Vormittag war ich wieder bei der einstigen Hutbesitzerin; wir bedauerten gemeinsam den Umstand, dass der Hut verschwunden war. Als ich dann mit der Straßenbahn 49 zu meinem Arbeitsplatz fuhr und fast allein im Wagen saß, sprach ich halblaut mit Gott: „Herr, der Hut ist weg, er war nicht wertvoll, aber ich hatte ihn lieb. Du weißt, wo er ist." Und dann kam Seine

Antwort: „Greif in die Tasche." Ich griff hinein und hatte den Hut in der Hand.

Meine Freude war über alle Maßen groß, und mein Glaube an einen wundertätigen Gott war tief. Den Hut hatte ich noch lange – bis in die Zweitausenderjahre.

Siehe, ich mache alles neu

8

Bei einer Tagung des Marburger Kreises in Deutschland schüttete mir eine Teilnehmerin mit Namen Margarete ihr Herz aus; sie kam auf ihrem Glaubensweg nicht recht weiter. Ich betete und bekam den Impuls, ihr Sprüche 23,26 weiterzugeben: „Gib mir, mein Sohn [meine Tochter], dein Herz und lass deinen Augen meine Wege wohl gefallen." Sie wünschte sich, bei mir im Zimmer zu beten. Mit einem Stockerl richtete sie sich einen Minialtar zurecht und schenkte Gott mit bewegenden Worten ihr Herz. Der Heilige Geist war spürbar anwesend. Als ich sie segnete, tat ich es mit dem Wort: „Siehe, ich mache alles neu." (Offenbarung 21,5) Und so schrieb sie mir dann auch, Gott sei dabei alles neu zu machen.

Wir blieben in Kontakt. Als sie mir einmal mitteilte, dass sie gerne Wien sehen würde, lud ich sie für eine Woche zu mir ein. Die Wettervorhersage war genau für diese Tage katastrophal, ein ausgedehntes Adriatief würde reichlich Regen bringen. Ich flehte zu Gott, „die Wolken doch bitte zu wenden". Am nächsten Tag meldete der Wetterbericht, die Schlechtwetterfront sei „unerwarteterweise" abgezogen. Margarete erlebte Wien bei acht Tagen Sonnenschein. O Wunder!

9 Aller Anfang ist schwer

Es ist schon sehr lange her, aber mir noch gut erinnerlich, wie ein erfüllter Tagungsbesuch in Deutschland, in der Nähe von Stuttgart, mit einer kleinen Geschichte zum Schmunzeln für mich auslief.

Ich wurde zum Bahnhof gebracht und musste mir eine Fahrkarte lösen. Ein Passagier war gerade in der Abfertigung und zwei weitere noch vor mir. Der Kassier war, wie sich herausstellte, noch in der Einschulung für das Computersystem zur Fahrtkartenausgabe; und es funktionierte nicht! Ich wollte den Mittagszug noch erreichen, um fünf Stunden Aufenthalt zu vermeiden, daher bat ich ihn um eine Fahrkarte auf herkömmliche Weise. „Das geht nicht, zappeln Sie nicht, Nervosität hilft auch nicht, warten Sie", so etwa sprach er. Als ich endlich eine Fahrkarte in der Hand hielt und die Stiege hinaufrannte, war der Zug schon abfahrtbereit. Mein Begleiter stand mit dem Koffer oben und wartete auf mich. Als der Zug für Momente zurückgehalten wurde, warf er den Koffer in den nächststehenden Waggon. Er tauchte bei mir an und wir fuhren. Ich war glücklich und freudig erstaunt, dass der Heilige Geist – ich wusste, dass Er es war – als Schatten an mir vorüberglitt.

Der Fleck muss weg

10

Mein entschiedener Glaubensweg begann 1981 im Alter von 60 Jahren. Es war bei einer Gästetagung des Marburger Kreises in Strobl am Wolfgangsee, nachdem ich das Buch „Auf der Suche nach Freiheit" von Arthur Richter, einem Mitbegründer des Marburger Kreises, gelesen hatte. Es lag mir auf dem Herzen, mit den drei heiligen Personen in einem Gott möglichst rasch in Beziehung zu kommen. Wie rasch dies dann geschah, überraschte mich allerdings.

Ein Mitarbeiter bot mir die Heimfahrt in seinem Auto an. Als ich in Wien mein Gepäck in Empfang nahm, bemerkten wir zu unserem beiderseitigen Erschrecken auf meinem neuen, hellbeigen Mantel, den ich gerade erst gekauft hatte, einen etwa handtellergroßen schwarzen Fleck von Wagenschmiere. Wie war er dahin gekommen? – Ein Rätsel! Mein Begleiter wollte ihn in einer Putzerei reinigen lassen, aber ich hatte den fast freudigen Eindruck, dass dieser Fleck irgendwie dazugehörte. Ich sprach darüber mit Jesus Christus. Seine Antwort war, ich solle den Fleck selbst herausputzen. Ich erinnerte mich, vor vielen Jahren gelesen zu haben, dass solche Flecken mit Butter und Benzin zu behandeln seien. Am nächsten Tag machte ich mich an die Arbeit – und es gelang tatsächlich. Und wieder einmal mein freudiger Ausruf: Ein Wunder!

11 Der Heilige Geist – unser Beistand

Zu der Zeit als ich in eine Mannschaft integriert wurde, das ist ein Hauskreis, der sich verbindlich einmal wöchentlich an einem Abend trifft, war gerade die Vorbereitung für das „regionale Wochenende" im März 1982 in Altmünster am Traunsee zu dem Thema „Familie" im Gange.

Die Referate für dieses Treffen waren Anfang Februar noch nicht vergeben. Der Leiter entschied, ich solle das Unterthema „Alleinstehende" (Verwitwete, Geschiedene, Singles und Behinderte) zusammen mit Margot übernehmen. Margot jedoch erklärte, Referate schreiben liege ihr nicht, ich solle mich auf Gott verlassen.

Mein Protest, erst fünf Monate dabei zu sein, half nicht. So teilte ich meine Empörung, damit allein gelassen zu werden, Jesus Christus mit, und ich bat Ihn, mir für diese Arbeit den Heiligen Geist zu geben – und das tat Er auch.

Der Heilige Geist führte mich zu den „Sendschreiben" in der Offenbarung hin, wo es bezüglich der Gemeinde in Philadelphia heißt: „Siehe, ich habe vor dir eine Tür aufgetan, die niemand zuschließen kann; denn du hast eine kleine Kraft und hast mein Wort bewahrt und hast meinen Namen nicht verleugnet." (Offenbarung 3,8)

Ich trat durch diese Tür ein, und von der Notwendigkeit „Jesus die Mitte" ausgehend beleuchtete ich mit Hilfe von Gottes Geist das Leben der jeweiligen Gruppen von Alleinstehenden. Bei der Tagung wollte man dann wegen Zeitmangels meinen Vortrag streichen, aber das ließ ich um Jesu willen nicht zu, der mir doch geholfen hatte. Ich bekam gute Rückmeldungen.

12 Versiegelt – meine zweite Reise nach Strobl

Infolge meines kompromisslosen Einstiegs in den Nachfolgeweg und meines ersten positiven Einsatzes beim regionalen Wochenende in Altmünster wurde ich für die im September wieder stattfindende Gästetagung in Strobl als Mitarbeiterin vorgesehen. Ich sagte zu, sprach darüber auch mit Jesus Christus und bat Ihn, mich wissen zu lassen, dass ich den Heiligen Geist empfangen habe. Die Antwort, die ich erhielt, war, ich solle darüber beten. Und so war dieses Anliegen eine gute Weile Teil meines täglichen Nachtgebets.

Ja, und dann wurde ich eines Nachts sanft geweckt mit dem Wissen, dass ich nicht allein war. Eine leise Stimme hinter meinem Bett sagte: „Es ist der Heilige Geist, der dich jetzt drei Mal berühren wird." Und drei Mal konnte ich mich für Momente nicht bewegen, danach war ich wieder allein. Danke, dass ich es nun wissen durfte: Ich bin „versiegelt" zum Dienst im Reich Gottes.

So gestärkt trat ich meine zweite Reise nach Strobl am Wolfgangsee an. Die Tagung nun aus der Sicht der Mitarbeit war ein echtes Erlebnis für mich. Wir trafen uns bereits einen Tag davor um alles vorzubereiten. Die Referate mussten aufeinander abgestimmt und die einzelnen Dienste vergeben werden. Rund um die Uhr war ein Gebetsteam eingesetzt.

Bei der Vorstellungsrunde am ersten Abend saß ein Ehepaar aus Deutschland neben mir; sie hatten vier Kinder und während des Vortrags begann die Frau bitterlich zu weinen. Ich sprach einige beruhigende Worte zu ihr, aber verlor sie dann aus den Augen. Die Tagung verlief ohne Zwischenfälle; ich gab Zeugnis in Referaten, führte einige Gespräche und war bemüht, nicht aufdringlich zu sein.

13 Ein Seelsorgekind – Fortsetzung Strobl

Ich erinnere mich gut daran, wie ich vor meinem Bett niederkniete und zu Gott betete: „Herr, ich würde Dir gerne ein Seelsorgekind zuführen, aber bewahre mich vor ehrgeizigem Denken und Tun."

Es war schon am Samstag, dem Tag für eine mögliche Entscheidung, dass ich sehr knapp zum Frühstück kam und nur mehr an einem rückwärtigen Tisch einen freien Platz fand. Die mir gegenüber sitzende Frau sah auf, sah mich an und sagte: „Ich wollte heute auf Sie zukommen. Kann ich mit Ihnen sprechen?" Es war jene Frau, die am ersten Abend neben mir gesessen war. Wir vereinbarten einen Termin gleich nach dem Frühstück.

Ich erkannte rasch, dass es keine einfache Aufgabe sein würde. Die Betreffende war als Kind dem Teufel verschrieben worden, zwar vollmächtig gelöst, aber noch immer nicht frei von okkulten Belastungen. Ich gestand ihr ehrlich meine Bedenken, noch an diesem Abend Hilfe leisten zu können, aber sie hatte Vertrauen zu mir und erzählte weiter. Obwohl ich durch den Marburger Kreis auch für solche Fälle unterrichtet worden war, fühlte ich mich nicht wohl dabei.

Beim Abendplenum hielt ich es für zweckmäßig, den anwesenden Geschäftsführer zu informieren und um Beistand zu bitten. Er sagte im Brustton der Überzeugung zu mir: „Frau Franz, vertrauen Sie auf Gott, Er wird Ihnen helfen." Mein Herz lief auf Hochtouren. Als ich sah, dass diese Frau mich schon mit den Augen suchte, nahm ich sie in Entschlossenheit mit auf mein Zimmer.

Als Erstes entsorgten wir ihre Halskette mit dem Sternzeichen im WC und dann tat ich weiter, wie der Heilige Geist mich leitete. Um zirka 23 Uhr sprach sie die entscheidenden Worte der Lebensübergabe aus; anschließend verabschiedete sie sich. Ich legte alles in Gottes Hände und konnte sogar schlafen.

Als sie mir am nächsten Morgen entgegenkam, war es unübersehbar, dass sie ein neugeborenes Gotteskind geworden war. Ich konnte ihr noch eine Weile eine schriftliche Seelsorgerin sein.

14 Susanne

Überraschend legten Rudi und Silvia, die mit dem dritten Kind schwanger war, die Mannschaftsleitung zurück. Ich wurde gefragt, ob ich meine Wohnung für den Kreis zur Verfügung stellen würde und auch vorläufig die Leitung übernehmen wolle. Nach einer erneuten Nachfrage beim Herrn sagte ich zu und erklärte mich bereit.

Wir hatten im Zuge der Neuordnung in der Mannschaft nun auch ein katholisches Ehepaar mit großen Schwierigkeiten in ihrer Beziehung; ich war bemüht für sie Hilfe zu finden. Mir wurde ein Ehepaar aus der Charismatischen Erneuerungsbewegung der katholischen Kirche empfohlen, das ich daraufhin aufsuchte. Nachdem ich mich vorgestellt und mein Anliegen vorgebracht hatte, ergab sich mit dieser Frau ein gutes, auch ins Persönliche reichendes Gespräch mit einem abschließenden Gebet. Wir blieben in Kontakt miteinander und sie, Susanne, wurde mir eine geschwisterliche Wegbegleiterin. Erst kürzlich kamen wir darauf, dass wir bereits 1945 ein gemeinsames Erlebnis gehabt hatten, einen Tieffliegerangriff in Attnang-Puchheim. Sie war damals ein dreijähriges Mädchen gewesen, ich eine junge Frau; heute sind wir in der Liebe Jesu miteinander verbunden.

Das Gehorsamsgelübde **15**

Nach dem Tod meines Mannes liefen die Mietein-nahmen durch die beiden Firmen – ein Kosmetik-hersteller und eine Schuhfabrik – über zehn Jahre problemlos. Ich hatte zu beiden Mietern ein gutes Einvernehmen, besonders aber zum Schuster. Die-ser wurde nun leider durch einen Schlaganfall arbeitsunfähig und musste den Konkurs antreten. Der Mietentgang war eine große Einbuße für mich, und es stellte sich die Frage, wann die Räumlich-keiten wieder frei würden, um sie erneut vermie-ten zu können. Ich nahm telefonisch Verbindung zu vielen christlichen Kreisen auf und dachte auch über einen Hausverkauf nach. Bei einem Gebet mit Susanne erhielt ich den Hinweis, zu einem charis-matischen evangelischen Pfarrer nach Neunkir-chen zu fahren; Susanne würde das Treffen mit Gebet begleiten. Gott gab mir dort die Schlüssel-stelle aus 1. Mose 12,1: „Geh [...] aus deines Vaters Hause in ein Land, das ich dir zeigen will." Zur sel-ben Zeit erhielt Susanne eine Botschaft für mich:

„Bist du bereit, dich, wenn ich dich woanders hinführe, unterzuordnen, auch wenn es dir nicht gefällt und du andere Vorstellungen hast?"
Diese Frage bewegte ich am nächsten Tag in mei-nem Herzen und ein „Sag Ja" war immer wie ein Singen in mir.

An diesem Abend hatten wir Mannschafts-treffen, und vor zehn Zeugen sagte ich am

Mittwoch, dem 29. April 1987 auf die Frage Gottes an mich „Ja, Herr, ich bin bereit" und legte damit mein „Gehorsamsgelübde" ab. Gott gab mir daraufhin eine Verheißung:

„Meine Tochter, du bist meine Braut. Bevor du mich noch suchtest, habe ich dich gefunden. Ich führe dich, wohin du nicht willst, aber Köstlichkeit wird dein Herz erfüllen. Ich werde dich gürten und mit mir nehmen, aber Befreiung wird in dein Herz einziehen. Ich werde dein Herz ausfüllen und zugleich prüfen."

Neues Leben 16

Als ein Neujahrsgeschenk Gottes für das Jahr 1988 zog am 20. Jänner in die Räumlichkeiten der ehemaligen Schuhfabrik nun eine christlich-missionarische Organisation – Jugend mit einer Mission (JMEM) – ein. Der zweite Stock war wieder besiedelt! Es war eine wunderbare Fügung Gottes, dass trotz zweimaliger Ablehnung durch die Baubehörde beim dritten Mal die Bewilligung doch erteilt wurde. Die Verwandlung von einer Fabrik in Missionslokalitäten war staunenswert. Loblieder erklangen, Seminare wurden abgehalten und ich musste, um an einer Veranstaltung teilzunehmen, nur ein Stockwerk tiefer gehen.

Im Gebet hatte ich den Herrn gebeten, mir den Mietpreis, den JMEM zahlen sollte, zu nennen; dieser würde ja geringer sein als bei der Schuhfabrik. Als ich diesen dann JMEM bekannt gab, meinten sie, er wäre zu niedrig. Ich reagierte sehr menschlich und sagte, ich werde es noch einmal überdenken. Doch der Herr sprach göttlich: „Was ich gesagt habe, das bleibt." Also blieb es bei dem niedrigen Mietpreis.

Dass ich trotzdem meine Verbesserungswünsche für das Haus umsetzen konnte, erfreute mich sehr. Großer Gott, ich lobe Dich!

17 Abschied nehmen

Frau Staffa, die schon in Bezug auf das Hutwunder erwähnte, liebe, alte, fast blinde Frau aus dem 7. Bezirk, starb am 26. August 1987.

Wir, mein Mann und ich, hatten sie 1971, nach dem Tod meiner Mutter, im Urlaub an einem kleinen Moorsee in Oberösterreich, dem Holzöstersee, kennen gelernt. Ich blieb in Kontakt mit ihr, und als mein Mann im Mai 1976 plötzlich ins Krankenhaus kam und im Oktober darauf starb, nahm sie mich liebevoll bei sich zum Übernachten auf, denn ich konnte allein in dem großen Haus nicht schlafen. Unser abendliches, gemütliches Beisammensein auf lange Zeit hinaus, bis zirka 1978, betrachteten wir als ein Geschenk Gottes; auf meinen Glaubensweg ging sie allerdings nicht näher ein.

Frau Staffa war von Beruf Eislauftrainerin und bildete während unserer gemeinsamen Zeit mit großer Freude ein junges jugoslawisches Mädchen im Eislaufverein zu einer Kunstläuferin heran. Deren Mutter war es dann, die mir mitteilte, dass Frau Staffa mit einem Schwächeanfall ins Wilhelminenspital eingewiesen worden war. Als ich sie dort besuchte, lag sie schon in Agonie, doch ich sprach ihr in ununterbrochener Folge den Namen „Jesus Christus" zu, zum Beispiel: „Jesus, Ihr Erlöser; Jesus, der Sie liebt; Jesus, der auf Sie wartet; Jesus, der Sieger über alles Böse und den Tod; Jesus,

Jesus, Jesus, ..." Sie schien zuzuhören, denn sie hörte dabei zu röcheln auf.

Ich denke, ein Beweis dafür, dass Jesus in ihr Platz greifen konnte, war folgendes Erlebnis: Wir, Herta, die unten auf mich gewartet hatte, und ich, gingen über den Hof, als ich plötzlich grundlos zu laufen begann, zu Fall kam und mir die Knie blutig schlug. Es war wohl der Teufel gewesen, dem ich sie mit dem Namen „Jesus" abringen durfte.

Eine Miniaturziervase, die meinen Blick von Anfang an auf sich gezogen hatte, ist mir eine liebe Erinnerung an sie.

18 Vor einer Entscheidung

Dem Mannschaftstreffen, das vom 17. bis 19. November 1989 in Bad Hall stattfand, sah ich mit gemischten Gefühlen entgegen. In Anwesenheit eines Geschäftsführers sollte nach eineinhalb Jahren eine Entscheidung getroffen werden, die die schwierige Zusammenarbeit zwischen mir und meiner Partnerin betraf.

Wenn ich meinen persönlichen Eindruck über unsere Beziehung kurz zusammenfasse, so war es, dass unsere „Chemie" einfach nicht stimmte. Immer wieder war ich dabei um Bereinigung bemüht. Eine Antwort, die Gott mir einmal auf meine Bitte hin gab, meine Schuld als Leiterin zu erkennen, lautete:

> *„Meine Tochter, du hast keine Schuld, du stehst mir auch nicht im Wege, weil der Macht des Heiligen Geistes nichts im Wege stehen kann. Stell dich neben die anderen und schau zu, wie ich wirken werde."*

Im Vorfeld dieses Treffens betete ich mit Susanne. Am 18. Oktober bereinigte ich vor Gott alles, was mir meiner Partnerin gegenüber auf dem Herzen lag und empfing das vergebende Wort „glückliche Schuld". Die Frage, ob ich die Leitung niederlegen sollte, blieb offen.

Daraufhin erhielt ich am 30. Oktober während meiner „stillen Zeit" einen Lobpreis, der mich beim Niederschreiben noch immer in Staunen versetzt. Ich las die Schriftstellen „Der Herr wird König sein immer und ewig" (2. Mose 15,18) und „[Jesus spricht:] Alles ist mir übergeben von meinem Vater" (Lukas 10,22). Mein Lobpreis lautete:

„Im Losungstext von Mose jubelt ein Mensch, im Lehrtext von Lukas jubelt Jesus selbst. Und in der Anbetung des Vaters und des Sohnes jubelt mein Herz diesem meinem Gott entgegen. Ja, so war es zu Beginn meines Gebetes und jetzt, am Ende dieses Beisammenseins mit Dir, Allerhöchster: Mein Herz jubelt in seliger Ermattung nach empfangener Liebesgemeinschaft. Alles in mir erhebt Dich, meinen einzigen und heiß geliebten Herrn, ruht zugleich in Dir und öffnet Dir mein Innerstes. Du nimmst mich mit, Jesus, und ich nehme Dich mit auf Schritt und Tritt, ich erzeige Dir meine Liebe, die zugleich Deine Liebe ist, denn auch diese bereitest *Du. Du* liebst Dich in mir, mein *Ich* in Dich hineingegeben ist im *Du* aufgegangen ..."

Am 13. November erhielt ich dann folgendes Bild: Häuserdächer einer alten Stadt. Auf einer Dachrinne sitzen mehrere Tauben und ein Spatz. Eine weiße Taube umkreist die Gruppe, die Tauben fliegen fort, der Spatz bleibt sitzen, die weiße Taube setzt sich neben ihn. Für mich hieß das, ich sollte „klein werden", dem Heiligen Geist untertan sein.

An diesem besagten 17. November reiste ich zeitig an und nützte, da Bad Hall eine Kurstadt ist, die Zeit für einen Besuch in der Therme. Und gerade dort, in dem wohlig warmen Wasser gab mir der Herr ein klares Ja zum Niederlegen der Leitung, was ich dann im Plenum bekannt gab und am 22. November am Mannschaftsabend vollzog. Sieben Jahre meines Dienstes legte ich damit in die Hände Gottes zurück. Er hatte nun einen anderen Weg mit mir.

Ohne Taschentuch

Am 8. August 1990 trat ich von der bisherigen Mannschaft über in die Senioren-Mannschaft unter der Leitung von Margot. Nach Auslieferung aller geistlichen Wunden und Heilung der Narben erfuhr ich Befreiung und die Botschaft, die der Herr mir gab, lautete:

> *„Der Himmel jubelt und freut sich über dich, die du kommst in den Kreis derer, die tanzen und jubeln."*

Vom 24. bis 26. August fuhr ich dann nach Linz zum siebten Österreich-Treffen der Charismatischen Gemeindeerneuerungsbewegung unter dem Wort aus Markus 1,15: „Tut Buße und glaubt an das Evangelium." An Näheres über die Vortragenden kann ich mich nicht mehr erinnern, aber ich sehe noch deutlich vor mir, wie wir, Susanne und ich, in der Pause zum Luftschöpfen ins Freie gingen, um ungestört zu sein. Etwas musste mich sehr nahe berührt haben, denn im Verlaufe unseres Gespräches begann ich heftig zu weinen. Leider mussten wir beide feststellen, dass wir nichts, also auch kein Taschentuch bei uns hatten. Was sollten wir tun? „Umkehren" auf zweierlei Weise, sowohl in biblischer Sicht, als auch total verheult in den Saal zurückkehren.

Zum Abschluss der Tagung durfte ich noch folgende Botschaft für mich mitnehmen:

> *„Meine Tochter, die Reue, die du empfindest, ist eine heilende und heilige Reue, und ich sehe mit*

schmerzendem und liebevollem Herzen auf dich und ich freue mich, dass du zu mir gekommen bist in einer neuen Weise. Ich lasse dich nicht mehr los, ich bringe dich an mein Herz und zu meinem Vater. Sei an meinem Herzen geborgen und lasse dich lieben, so wie ich dich lieben kann. Bitte versuche nicht zu verstehen!"

Das Kreuz

Zum Jahresabschluss 1990 erlitt ich einen Lungeninfarkt, und so verbrachte ich die Zeit vom 30. Oktober bis zum 19. November im Elisabethspital in Wien; anschließend kam ich zur Erholung nach Pitten in eine Schwesternschaft. Susanne besuchte mich am 29. dieses Monats; es war ein eisiger Novembertag. Das entsprechende Bild war: „Eine Föhre im Sturm wirft Zapfen ab, aus denen Samen fallen und wegsprühen."
Im Gebet sprach der Herr zu mir:

> *„Meine Tochter, geh nicht weg von dem Ort unter dem Kreuz, sondern bleibe und warte geduldig, denn Freude und Auferstehung ist in meiner Nähe. Du wirst viel Freude und Leichtigkeit erleben, geh nicht weg, bleibe bei mir unter dem Kreuz."*

In einer Vision zeichnete ich drei Kreuze: Im ersten sitze ich an das Kreuz gelehnt zu Jesu Füßen, im zweiten umfange ich Jesus am Kreuz im Gürtelbereich und im dritten zieht mich Jesus zu sich empor, gleich gemacht mit Ihm im Sterben und Auferstehen, um in Freude und Fülle mit Ihm zu leben.

Wenn ich mich recht erinnere, brach ich den sicher für drei Wochen vorgesehenen Aufenthalt am 8. Dezember ab, um meine Tätigkeit in der Ordination beim Internisten wieder aufnehmen zu können. Dort erlebte ich jedoch eine Überraschung.

Mein Chef eröffnete mir, dass er in der Annahme, ich würde wahrscheinlich arbeitsunfähig sein, mit 31. März seine Pension antreten würde. Damit sah ich meine 23-jährige Arbeit bei ihm als beendet an; es war eine gute Zeit gewesen. Als ich seinen Nachfolger, einen jungen Arzt kennen lernte, bat mich dieser, ihm noch eine Weile behilflich zu sein; so lief mein Arbeitsverhältnis noch zwei Jahre weiter.

Gerti Müller und die Katze

Ja, die Katze war das Problem. Christa, meine Tochter, hatte sie seinerzeit von einem Wurf übernommen. Dreimal betreute ich sie nur vorübergehend, danach blieb sie mir für 16 Jahre erhalten.

Es war im Juli 1975. Wie jedes Jahr hatte ich von meinem Arztberuf her ein festgelegtes Urlaubsdatum. Christa und ihr Freund Harry, ein Iraner, waren nach abgeschlossenem Bodenkulturstudium auf ihrer zweiten großen Persienreise; sie hatten vor, dort zu leben. Mein Mann bereitete sich auf eine Auslandreise in Zusammenhang mit seinem Billardsport vor, und Frau Staffa war auch auf Urlaub. Wohin also mit uns? – Gott war bereits am Werk.

Es war an einem Mittwoch, der Tag, an dem ich am Nachmittag frei hatte. Ich fuhr zum Baden nach Baden, danach besuchte ich meine Tante. Einem inneren Impuls folgend blätterte ich bei ihr die Badener Zeitung durch; mein Blick fiel auf eine Annonce „Kabinett zu vermieten" mit Angabe der Adresse; es war ganz in der Nähe und ich ging hin.

Von außen gesehen war es ein schönes, einstöckiges Haus mit zwei Terrassen und einem Balkon, aber an einer stark befahrenen Hauptstraße gelegen. Ich läutete an, wurde von der Besitzerin empfangen und auf eine Terrasse geführt; Frau Müller würde bald kommen. In der Zwischenzeit ließ sie mich hinunter auf eine kleine, zum Kabinett gehörende Terrasse schauen. Mein Herz machte einen Freudensprung; diese ging hinten hinaus auf eine Nebenstraße. Als ich sehr vorsichtig von der Mitnahme einer Katze sprach, meinte sie „lieber nicht", sie wären erst kürzlich von zwei Katzen, die Frau Müller gehörten, frei geworden. Als diese jedoch dann kam und von meinem Anliegen hörte, war das Mietverhältnis schnell abgeschlossen – der Katze würde es gut gehen. Die Freude war beiderseits groß, und es setzte ein reger Telefonverkehr ein, um alles vorzubereiten. Dem Herrn sei herzlicher Dank.

Frau Müller war Witwe, 14 Jahre älter als ich, damals 68 Jahre alt, gastfreundlich, hilfsbereit und in dieser Eigenschaft als passionierte Radfahrerin viel in Baden unterwegs. Unser Zusammenleben pendelte sich rasch und gut ein, auch die Katze fand ihren Platz. Das Kabinett war klein und rein funktionell eingerichtet, der relativ schmale Mittelgang führte auf die Terrasse, eine Oase des Friedens und der Freude für mich.

Frau Müller bot mir ihr Balkon-Wohnzimmer zur Mitbenutzung an und so nahmen wir in einer Esstisch-Ecke gemeinsam das Frühstück und Abendessen ein. Zu Mittag gingen wir getrennt, oft aber auch miteinander zu Tisch und verbrachten vorzugsweise die Freizeit im Strandbad. Als wir nach meinem Urlaub auseinander gingen, hatten wir Freundschaft geschlossen und wollten einander wiedersehen.

Bei Gerti Müller

Zu diesem Wiedersehen sollte es allerdings erst drei Jahre später, im Jahr 1978, kommen; zuvor pflegten wir nur telefonischen Kontakt. Ich musste damals meinen Schlafplatz bei Frau Staffa aufgeben, weil diese einen längeren Englandbesuch einer Freundin beherbergen sollte, und so entschloss ich mich, auf Dauer in das Kabinett von Frau Müller zu übersiedeln.

Bildhaft in guter Erinnerung ist mir, wie mich Christa von dort abholte und wir nach Mayerling fuhren; wir wollten das Mittagessen in einem guten Restaurant einnehmen und danach einen kleinen Spaziergang machen; es sollte unser Abschiedstreffen vor Christas Abreise nach Persien – für immer – sein. Christa hatte 1977 Harry, den Iraner, geheiratet; ihre in der Zwischenzeit dritte große Reise dorthin diente dazu, in Rasht, einer Stadt in der Nähe von Teheran, ihre Wohnung einzurichten. Und nun, es war ein Samstag, hatte sie für Montag das Ticket zum Flug nach Teheran in der Tasche. Am Sonntag jedoch, es war der 27. August 1978, meldeten die Medien: „Schah-Regierung gestürzt, Flughafen gesperrt!" – Christa blieb da.

1979 trat sie in die pharmazeutische Firma „Lilly – Elanco" mit Sitz in Indianapolis in den USA ein. Auch Harry kam auf Umwegen zurück und nahm eine Stelle bei den Voest-Werken in Linz an.

23 Unvorhergesehenes geschieht – Gerti Müller

1981 konnte ich auf drei schöne Jahre des Zusammenlebens mit Gerti Müller zurückblicken. Als sie Ende September nach meiner Rückkehr aus Strobl am Wolfgangsee von meinem entschiedenen Glaubensschritt hörte, war sie entsetzt. Sie war Katholikin mit einem in ihrer Vorstellung aufgebauten „Herrgottswinkel" über dem Schreibtisch, wohin sie sich wandte, wenn sie betete oder etwas Sündiges bekannte. Sie vertrat die Ansicht, Nächstenliebe gelebt zu haben und somit in Ruhe sterben zu können.

Durch meine morgendliche „Stille Zeit" änderte sich auch etwas in unserem eingespielten Haushalt, es gelang uns jedoch, wieder einen gewissen Rhythmus zu finden, aber ein unsichtbarer „Stachel" zwischen uns, der schmerzte, war nicht zu leugnen.

So entschied ich mich, das zu tun, was mir mein Mann während seines Leidens vorgeschlagen hatte, nämlich eine Hausbesorgerin aufzunehmen und wieder im Haus zu schlafen. Überraschend schnell führte mir Gott eine Dragica aus Jugoslawien zu, mit der es bald zu einem guten Einvernehmen kam.

Nach einer weiteren, im Oktober besuchten Tagung verstärkte sich Gertis Ablehnung gegen meinen Weg; ihrer Meinung nach müsse ich dem absagen, was für mich aber nicht in Frage kam. Der

Marburger Kreis war mir in sehr kurzer Zeit zu einer geistlichen Heimat geworden, die ich nicht aufgeben wollte. Wir versuchten, die Diskrepanz zu überwinden und das Jahr 1981 friedlich ausklingen zu lassen.

Und dann kam der letzte gemeinsame Sommer in Baden. Gertis Eifersucht nahm immer mehr zu und ihre Angriffe wurden heftiger, bis hin zu Hohn und Spott, sodass ich einmal aus dem Zimmer gehen musste um zu beten: „Herr, vergib ihr, sie weiß nicht, was sie tut."

Ich erhielt von Gott die Order, das Quartier in Baden aufzugeben und fix ins Haus und meine Wohnung in Wien einzuziehen. Gerti war böse auf mich – aber ich sollte die Verbindung nicht abbrechen. Das Fortgehen mit der Katze war traurig.

24 Gotteserkenntnis fließt ein – Gerti Müller

Nach dem Auszug besuchte ich Gerti Müller etwa einmal im Monat und unsere Beziehung verbesserte sich wieder zusehends. Sie stellte fest, dass ich mich zu meinem Vorteil verändert hätte, der Weg also doch gut sein müsse. Und wie ein Bild sehe ich in der Erinnerung, wie wir an einem schönen Sommertag auf der Terrasse saßen, Gerti mich ansah und sagte: „Erzähle mir wieder eine Geschichte, die du mit Jesus erlebt hast." Welche Geschichte es war, weiß ich nicht mehr, aber ich konnte Gott danken, dass Sein Auftrag für mich, Gerti den Namen „Jesus" tropfenweise in ihr Herz fallen zu lassen, Früchte zeigte. Meine Freude war groß.

Groß war allerdings auch meine Erschütterung, als zehn Jahre später an einem Vorfrühlingstag 1992 das Telefon läutete und die Nachbarin von Frau Müller mir mitteilte, diese sei in völlig verwirrtem Zustand ins Krankenhaus Baden eingeliefert worden. Als ich sie mit Christa besuchte, war sie in einem Zimmer, in dem ein Gitterbett stand, untergebracht; sie saß in einem Lehnstuhl. Alle Versuche einer Kontaktaufnahme scheiterten; Gerti war in einem erbarmungswürdigen Zustand und nur zu menschlich schlich sich der Gedanke bei mir ein, dass weitere Besuche keinen Sinn hätten. Ich bat Gott inständig, sie hinsichtlich ihrer gelebten Nächstenliebe nach Matthäus 25,35 zu sich zu nehmen: „Denn ich bin hungrig gewesen und ihr habt mir zu essen gegeben. Ich bin durstig gewesen und ihr habt mir zu trinken gegeben. Ich bin ein Fremder gewesen und ihr habt mich aufgenommen." Der Herr aber gab mir zu verstehen: „Ich kann sie noch nicht nehmen, sie glaubt nicht an Jesus Christus und nicht ans ewige Leben; besuche sie weiterhin."

So teilte ich meine Vormittage für diese Besuche so ein, dass ich anschließend gleich in die Ordination fahren konnte. Bei meinen nächsten Besuchen fragte ich jedes Mal: „Weißt du, wer ich bin?" Dann sah sie mich meistens lange an und deutete ein Nein. Ich erzählte ihr Jesus-Geschichten, aber ein Gespräch kam nicht zustande.

Doch eines Tages rief sie mir beim Eintreten entgegen: „Stell dir vor, ich bin eingeladen, an einem Projekt außerhalb Badens mitzuarbeiten ..."

25 Jesus Christus am Werk – Gerti Müller

Gertis freudig vernommenes „Stell dir vor, ich bin eingeladen, an einem Projekt außerhalb Badens mitzuarbeiten" ergänze ich nun mit ihren Worten: „Es sind viele junge Leute dabei; ich soll Decken bringen, aber es geht nicht." Da zeigte sie mit dem Finger auf die Tür und sagte: „Siehst du dort den Felsen?" Ich sagte: „Ja, und?" Sie: „Du weißt doch, dass ich Höhenangst habe und mich fürchte."

Bei mir machte es „klick" und in der Ordination angekommen tat ich Folgendes: Im Namen Jesu gebot ich dem Felsen des Unglaubens, der Gerti die Sicht verstellte, sich hinwegzuheben und einzustürzen. Dabei ließ ich es bewenden.

Das nächste Mal, eine Woche später, begrüßte mich Gerti wieder mit einem „Stell dir vor, ich arbeite jetzt beim Projekt mit." Und ich sagte: „Du hast das letzte Mal von einem Felsen gesprochen." Sie wieder: „Stell dir vor, der ist weg, nur mehr so klein." Dabei zeigte sie mit der Hand zu Boden.

Auf meine Frage, was sie jetzt sehe, antwortete sie im biblischen Sinne: „Eine Hütte, und von dort wird er heute kommen." Ich: „Wer?" Sie: „Na ja, Jesus." Ich sagte ihr, dass Jesus sie ganz für sich haben möchte, und vieles mehr. Dann musste ich gehen. Bei meinem nächsten Besuch erzählte sie mir, dass sie wenig schlafe, weil sie in der Nacht alles aufschreiben müsse. Auf meine Frage, was sie aufschreibe, meinte sie: „Du kannst es ja lesen, es liegt dort." – Sie zeigte auf einen Tisch hin. Und sie erwähnte, dass sie starke Schmerzen in den Beinen habe, aber es mache ihr nichts, wenn sie auch leiden müsse, wie Er.

Ich war überwältigt und dankte Gott für dieses wunderbare Geschehen.

26 Gerti Müller – ein Kind Gottes

Als Gerti eine Woche später den Namen Jesu erwähnte, fragte ich sie, ob sie bereit wäre, Ihm ihr Leben zu übergeben. Bevor ich noch ihr „Kann ich denn das?" beantworten konnte, faltete sie die Hände und betete. Tränen liefen ihr die Wangen hinunter und sie bat Gott um Vergebung, dass sie Jesus so lange nicht beachtet hatte. Ich sprach ihr zu, dass Gott sie gehört und ihr vergeben habe. Wir waren spürbar in eine heilige Atmosphäre gehüllt, als sie sich bereit erklärte, ihr Leben im Alter von 85 Jahren Jesus zu übergeben, und mir mit klarer Stimme die Einsetzungsworte nachsprach. Mit der Zusage, sie würde nun mit Jesus auch ins Ewige Leben kommen, verabschiedete ich mich.

Bei meinem nächsten Kommen lag sie in einem Zweibettzimmer, und als ich auf sie zuging, strahlte sie mich an, klopfte sich auf die Brust und sagte: „Ich werde selig sterben, ich habe keine Angst mehr." Und als ich sie fragte: „Weißt du, wer ich bin?", deutete sie ein Nein an, zog meinen Kopf zu sich hinunter und sagte: „Aber ich folge dir." Auf meine Richtigstellung hin, dass sie nicht mir, sondern Jesus folge, antwortete sie: „Aber du hast mir den Weg gezeigt." Zum Abschied fragte ich noch, ob sie nun an das Ewige Leben glaube – und sie sagte „Ja".

Von da an nahm mir Gott die Erinnerung, wie es mit Gerti weiterging, ich sollte nicht an sie denken.

Als ich noch einmal mit ihr in Berührung kam, war sie in einem Pflegeheim im 7. Bezirk. Sie saß in einer Art Speisesaal mit anderen an einem Tisch, wirkte weggetreten und war zu keinem Gespräch bereit. Auf meine Frage nach Jesus sagte sie zu mir: „Er ist da." Als die Pfleger kamen, um sie zu holen und sie die Decke wegnahmen, erschrak ich zutiefst – sie hatte keine Beine mehr, beide am Oberschenkel amputiert.

Als sie am 5. Dezember starb, war sie für mich als „Rumpf" in den Himmel eingegangen.

27 Ein seltsames Erlebnis

Noch tief bewegt vom Besuch bei Gerti Müller im Pflegeheim (Amputation ihrer beiden Beine am Oberschenkel) kam ich auf dem Heimweg bei einem Gazelle-Wäschegeschäft vorbei. Ich fühlte mich in meinem Schritt zurückgehalten, um einen Blick in die Auslage zu werfen. Was ich dort sah, war ein wunderschöner, in Pastellfarben gemusterter Sommerrock, den ich laut einer inneren Stimme erwerben sollte. – Ein Geschenk Gottes? Aber wofür? Das Geld reichte, und meine Tochter Christa kaufte mir, als sie ihn sah, ein passendes, hellgrünes T-Shirt dazu.

Es war, dass ich gerade beim Packen für die Reise zur Jesusbruderschaft nach Gnadenthal war. Diese Tagung zum Thema „Ein Leben wie ein Licht – Johannes, der Täufer" fand vom 22. bis 28. Juni 1992 statt. „Soll ich diesen Rock mitnehmen? Nein, er ist zu auffällig – oder ist es doch so, dass es Gott will?" waren meine Gedanken. Ich packte also beides, Rock und T-Shirt, ein und verstaute es dann in Gnadenthal im Kasten.

Dieses Seminar empfand ich von Anfang an sowohl in der Gestaltung wie auch in der Verkündigung als besonders ansprechend. Die Leitung hatten zwei Schwestern der Kommunität übernommen; insgesamt waren wir neun Teilnehmer.

In der Mitte des Plenumsraumes war auf dem Fußboden folgende Szene durch künstlerisch gestaltete Puppen dargestellt: Der taufende Johannes, der einen Mantel trug, Jesus, der in Weiß gekleidet war, umgeben von dem anwesenden Volk. Die einzelnen Personen erhielten im Zuge der Betrachtung sowohl Prägung als auch einen Namen. Wer sich mit einer dieser Personen identifizieren konnte, sollte die zugehörige Puppe an sich nehmen und etwas Persönliches dazu sagen. Mein ganzes Sein war auf Jesus selbst ausgerichtet, aber ich wollte mich nicht gleich auf Ihn stürzen. Nach zirka drei Durchgängen holte ich Ihn dann doch an mein Herz und noch viel tiefer in mein Leben für immer. Das geschah so:

Am nächsten Tag, es war Samstag, der 27. Juni 1992, vernahm ich bei der Morgentoilette wiederholt das Wort: „Die Braut hat sich bereitet." – Ich wusste plötzlich, dass ich an diesem Tag zum ersten Mal den beschriebenen Rock mit dem T-Shirt anziehen sollte, um – wie an den vorherigen Tagen auch – vor dem Frühstück hinunter in die Dorfkirche zur Andacht mit heiligem Abendmahl zu laufen. Dort hörte ich wieder die innere Stimme: „Tritt in die Mitte des Altars", und nachdem ich Brot und Wein empfangen und wieder Platz genommen hatte, vernahm ich deutlich Seine Stimme: „*Ich* habe mich heute mit dir verlobt." Welch ein unfassbares Erlebnis für mich, tatsächlich „Braut Christi" zu sein! Gott hatte den tiefen Herzenswunsch eines jungen Mädchens nach einer großen himmlischen Liebe nicht vergessen.

Für den Nachmittag war eine kleine Bergwanderung angesagt. Ich entschuldigte mich und blieb allein im Haus. Ich ging in die dortige Kapelle und weihte Jesus – am Boden liegend – mein Leben in ganzer Hingabe. Am Abend fand eine Abschluss-Sabbat-Feier statt, für mich war es unsere geheime Verlobungsfeier. In der Nacht dann wurde mir im Traum ein Zeitungsblatt vorgelegt, auf dem ganz groß „UNAUFLÖSLICH" geschrieben stand – für mich die Bestätigung für das unfassbare Erlebnis.

1992 weiterhin ein Schwerpunktjahr – Christa und Christa Beer

In meinen Aufzeichnungen stand nach meiner so entscheidenden Gnadenthalreise am 12. Juli der Eintrag: „Christa geht nach Amerika." Sie entschloss sich nach dem Zusammenbruch des Kommunismus 1989 und den damit verbundenen Schwierigkeiten im Osteuropageschäft, für das sie bei der Firma Lilly in Wien zuständig war, die zwei vorgeschriebenen Jahre im Stammhaus in den USA zu arbeiten und wurde am 13. September 1992 in Indianapolis ansässig.

Ihre Ehe wurde inzwischen wegen eines Verhältnisses ihres Mannes mit Nachwuchs geschieden. Amerika sollte ihr zu einer zweiten Heimat werden.

Zu dieser Zeit rückte das Thema „Haus" bei mir wieder einmal in den Vordergrund, als Margot erwähnte, dass Christa Beer die Absicht habe, ihr Haus in Jerusalem gegen ein größeres zu tauschen.

Christa Beer, geboren in Deutschland, hatte 18 Jahre in Österreich gelebt und war 1981 einem Ruf nach Israel gefolgt. 1991 hatte sie ein Haus in Jerusalem erworben, in dem sie nun lebte und für die „Versöhnung zwischen Juden und Christen" arbeitete. Mindestens einmal im Jahr kam sie nach Österreich, um an den Vernichtungslagern Buß- und Heilungsgottesdienste zu halten.

Ich empfand einen starken Impuls, ihr zu schreiben, begleitet von den Worten des Psalms 126 „Die mit Tränen säen, werden mit Freuden ernten." Ich kam ja gerade aus einer Zeit der Tränen. Ein Bild zeigte mir eine Wolke, die die Sonne als Hitzeschild bedeckt, dabei aber einzelne Strahlen durchlässt.

Ich hatte Christa Beer bei verschiedenen Anlässen kennengelernt, und nun schrieb ich ihr einen Brief, auf den sie spontan mit einem enthusiastischen „Besorge dir ein Ticket und komm!" telefonisch antwortete. Gerade wollte ich erwidern: „Gleich geht es aber nicht", als Gott dazwischenfunkte und mir Seinen Termin, 9. September bis 4. Oktober, deutlich zu verstehen gab. Susanne empfahl mir ein gutes Reisebüro und in „blindem Vertrauen" war das entsprechende Ticket gebucht.

Gott hatte wunderbar vorgesorgt. Im Mittelbereich des Flugzeuges hatte ich einen Gangsitz neben einem gut Deutsch sprechenden Ehepaar aus Israel. Wir unterhielten uns angeregt, sie waren mir dann auch liebevoll behilflich am Flughafen von Tel Aviv. Ein Geschenk des Herrn war auch die Wettermeldung, die im Flugzeug durchgegeben wurde: „Hitzewelle gebrochen, heute angenehme 24 Grad." Vorweggenommen sei, dass Gott mich die ganze Zeit über unter einer sanften Wolke hielt. Ihm sei Lob, Preis und Dank!

Es war der 9. September, ein Mittwoch, als mich Christa Beer vom Flughafen Tel Aviv zu sich nach Jerusalem abholte. Sie hatte das Haus in der sogenannten Neustadt, deren Name bereits auf die ständigen Zubauten Bezug nimmt. Das Haus lag auf einer leichten Anhöhe, abseits jeder Infrastruktur – und damit auch meiner Erwartungen, wie Essen- und Spazierengehen oder Ähnlichem. Christa Beer teilte mir mit, dass sie sich wenig um mich kümmern könne, aber mir stünde ja der Bus mit der nur 10 Minuten entfernt gelegenen Busstation 19 zur Verfügung; in nur 20 Minuten könnte ich so in die Altstadt gelangen.

Mit einem Großeinkauf, den wir tätigten, musste ich mich selbst versorgen, beziehungsweise für alle – es wohnte noch jemand bei ihr – kochen. Für Samstag Nachmittag versprach sie mir eine Besichtigung der Altstadt, und sie nahm mich am nächsten Tag, Donnerstag, zur Verhandlung bezüglich des Haustausches mit; diese fand im Freien statt. Gott wies mir etwas abseits einen Platz an und gab mir zu verstehen, dass das Ganze mit meinem Haus nichts zu tun habe; bei einem Mittagessen in einem Gasthaus fand ich Frieden darüber. Jesus Christus wollte mir anscheinend nur etwas von Seiner Heimat zeigen. Danke!

Geschaute Herrlichkeit – Jerusalem

Im Vorfeld meiner Reise hatte ich durch Margot von Jesus Christus folgende Zusage erhalten: „Ich werde dir dort, wo ich wieder komme, meine Herrlichkeit zeigen und du wirst eine Botschaft bekommen."

An diesem Samstag fuhren wir, Christa Beer mit einer Bekannten und ich, etwa um 16 Uhr in die Altstadt, wo ich mir einen ersten Eindruck vom biblischen Jerusalem verschaffen konnte. Es war ein schöner Spätsommertag, und als sich die Sonne dem Untergang zuneigte und alles um und unter uns in ein glutrotes Licht tauchte, standen wir etwas erhöht, wie auf einer Balustrade, dem Ölberg gegenüber. Wie mit einem Lineal gezogen erhob sich über der Ölbergkirche ein dunkelblauer Nachthimmel mit einem riesigen Vollmond. Tag und Nacht, Sonne und Mond zugleich, in einer unbeschreiblichen Intensität. Leider konnte ich diese Herrlichkeit nicht lang genug in mir wirken lassen, ich musste meiner Begleitung folgen, die bereits weitergegangen war.

Noch beeindruckt von dem wunderbaren Geschehen, so glaube ich mich recht erinnern zu können, verbrachten wir den darauffolgenden Sonntag gemeinsam im Garten, gleich neben dem Haus. Nach dem Mittagessen suchte ich Ruhe auf der Dachterrasse, und am Nachmittag nahm ich die Buslinie 19, mein zukünftiges Verkehrsmittel, in Augenschein.

Wenn man vom Haus weg die leichte Anhöhe zirka 10 Minuten hinunterging, kam man zu einer Ampelregelung an der relativ stark befahrenen Hauptstraße. Ungewöhnlich war, dass eine Brücke, links und rechts über Stufen begehbar, abends und nachts beleuchtet, über die Straße gebaut war. Und unmittelbar unter dieser Brücke war die Ausstiegsstelle der Buslinie 19, für mich ein markantes Zeichen, um den Brummer im Bus zum Aussteigen rechtzeitig zu betätigen. Diese Brücke sollte noch eine besondere Rolle spielen.

Auf dem Ölberg – Jerusalem

31

In der Altstadt gab es auch eine Christ Church, und so nahm ich an den nächsten Gottesdiensten teil. Gott ließ mich ein Au-Pair-Mädchen aus Ostdeutschland kennenlernen; sie verbrachte ihre Freizeit mit mir. So fuhr ich gerne, angefreundet mit dem Bus 19, in die Altstadt; dort ergriff ich auch die Möglichkeit mittagzuessen, meistens eine kräftige Suppe, sodass ich oft erst am Abend in mein Quartier kam.

Mein Herzenswunsch nach dem Erlebnis vom Samstag war, den Ölberg, wo Jesus Christus wieder kommen wird, zu betreten. Es gab zwar kein Verbot, aber von einem Alleingang wurde abgeraten – wegen der dortigen Araber. Obwohl es gerade eine friedliche Zeit war, gab es doch reichlich bewaffnetes Militär auch auf den Dächern zu sehen; an ein Angehalten-Werden, um die Tasche zu öffnen, musste man sich gewöhnen.

Auf dem Ölberg hatten die „Marienschwestern" ihre Niederlassung und meine Begleiterin wollte diesen ein geborgtes Buch zurückbringen; also fuhren wir am 17. September zu zweit mit dem Taxi dorthin. Es war eine einzige Desillusionierung, der Ölberg eine nicht zu beschreibende Müllhalde mit einer bedrückenden, feindlichen Atmosphäre; die Kinder warfen Steine. Wir kehrten bei den Schwestern ein, ich erzählte ihnen von meinem Erlebnis, und sie meinten: „Ein schönes

Verlobungsgeschenk! Die Botschaft wird schon noch kommen."

Als ich dann von dort auf Jerusalem blickte, musste ich aus Ergriffenheit weinen. Am nächsten Tag stellte mir Gott ernsthaft die Frage, ob es mein Wunsch wäre, in Israel zu leben. Meine Antwort war, dass ich es mir nicht aussuchen würde, Jesus aber bereitwillig und gern folgen wolle, wenn dies Sein Wunsch oder Auftrag wäre.

In Yad Vashem – Jerusalem

32

Im Laufe der Tage hatte ich mich an Besichtigungen, die mit Bus und Umsteigen verbunden waren, herangewagt. Das war nicht immer einfach, weil Ein- und Ausstiegsstellen oft nicht einander gegenüber sondern ziemlich weit auseinander gelegen waren. Und so kam es, dass ich mich einmal auch verfahren hatte – und mein Schulenglisch reichte nicht aus, um mich wirklich verständlich zu machen. Bei einer solchen Busfahrt sagte ich einmal halblaut vor mich hin: „Schrecklich, wenn man nicht verstanden wird", als eine Stimme aus der Reihe hinter mir freundlich fragte: „Wie kann ich Ihnen helfen?" Ein Aha-Erlebnis! Ich musste aussteigen, zurückfahren, und kam schließlich doch dort an, wohin ich wollte, nämlich in Yad Vashem, der Gedenkstätte für ermordete Juden – mit sehr durchwachsenen Gefühlen.

Ich hatte mir meine Stille-Zeit-Unterlagen mitgenommen, die Bibel, das Losungsbuch und das Schreibheft, suchte mir in diesem weitläufigen Gelände einen stillen Platz und war, als ich den Losungstext für diesen Tag las, tief ergriffen; es war die Stelle aus Jesaja 26,19: „Deine Toten werden leben." Wohin hätte dieses Wort besser passen können als dorthin? In stiller Freude konnte ich damals als Zeitzeugin diese Ausstellung auf mich wirken lassen. In einem abgedunkelten, widerhallenden Raum wurden laufend die Namen der Opfer vorgelesen und das zugehörige Lichtbild gezeigt; ich konnte mir im Herzen ausmalen, wie Jesus sie einmal ins Leben zurückrufen wird.

Eine freudige Überraschung war ein dortiger Küchenbetrieb, der frische Kleinigkeiten anbot, und wo auch Deutsch gesprochen wurde. Ich fuhr noch zweimal hin, erledigte dort die Post und genoss die entspannte Atmosphäre.

Unterwegs in Israel

33

Um ein wenig mehr von Israel zu sehen, als mir mein eingeschränkter Radius erlaubte, buchte ich vom 25. bis 27. September eine Fahrt nach Galiläa und eine für 28. September nach Masada am Toten Meer. Bei letzterem Unternehmen traf ich eine junge Frau namens Gerlinde aus Wels, die mir der Herr in Seiner wunderbaren Fürsorge zuführte, als das Mädchen aus Ostdeutschland wieder abreiste. Mit Gerlinde verbrachte ich erfreuliche Stunden.

Jesus Christus hatte auch meinen Wunsch nach einem Verlobungsring nicht vergessen; Er zeigte mir, wie dieser aussehen sollte – an der Hand einer Frau, die beim Sonntagsgottesdienst neben mir saß. Der Ring war ziemlich breit und ziseliert. Ich sprach diese Frau an, und sie erzählte mir, dass sie den Namen Jesu und den ihres Mannes hatte einarbeiten lassen. Ich wollte allein den Namen „Jesus Christus" an mir tragen und bat jemanden, mir die einzelnen Buchstaben in Hebräisch aufzuzeichnen, um den Ring dann in Wien anfertigen zu lassen. Seither trage ich ihn, und er soll auch beim Begrabenwerden an meinem Finger bleiben.

34 Die beleuchtete Brücke – Jerusalem

So ging langsam aber sicher meine Zeit in Jerusalem zu Ende. Ich hatte einiges erlebt, aber meines Erachtens noch keine Botschaft erhalten. Es war am Samstag, dem letzten Tag vor meinem Abflug. Ich verbrachte den Tag mit Gerlinde in der Stadt, und am späten Nachmittag saßen wir außerhalb der Mauer im David-Park auf einer Bank. Gerlinde war eingeschlafen, und ich sprach mit Gott in Bezug auf eine Botschaft und stellte die Frage „Komme ich wieder?" Darauf erhielt ich ein „Bald" als Antwort.

Es dämmerte bereits, die Zeit, die Rückfahrt anzutreten, war gekommen. Da es ein Sabbat war, fuhr kein Autobus, und notgedrungen musste ich das einzige Arabertaxi, das auf dem Platz stand, nehmen. Ich hatte immer, sowohl auf Englisch wie auch auf Hebräisch, die wichtigsten Informationen zur Verständigung bei mir, und so erklärte ich dem Mann, die Strecke der Buslinie 19 bis zur Brücke fahren zu wollen. Er sagte okay, und wir fuhren los; aber schon bald bemerkte ich, dass er mich spazieren führte. Auf mein „is not okay" wurde er böse, sprach mit einem anderen Fahrer und fuhr weiter – bis endlich die beleuchtete Brücke auftauchte. Ich sagte „stop", zahlte und stieg aus; er fuhr davon. Ich fand mich aber nicht bei der Busstation 19 sondern bei der Station 24 wieder.

Die Brücke, ja es war die Brücke! Aber das ganze Umfeld war anders. Mein wiederholtes „Herr, es ist doch die Brücke, die ich mir genau eingeprägt habe, ich bin doch nicht verrückt!" brachte kein Ergebnis. So wollte ich mich auf meinen Verstand verlassen, ich ging über die Ampel auf die andere Straßenseite, um stadteinwärts ein Taxi aufzuhalten. Ich wollte mich ins Holiday Inn führen lassen und von dort Christa Beer anrufen. Nach einer geraumen Weile kam ein Taxi, ich hielt es bei fließendem Verkehr auf, sagte bei offener Wagentür den Straßennamen „Golomb", darauf er: „Is here." Tür zu, und er fuhr weiter. Beim nächsten Taxi dasselbe, beim dritten setzte ich mich hinein, sagte wieder „Street Golomb" und auch er: „Is here, five minutes, bye." Ich stieg aus und alles war wieder Busstation 19, die vertraute Straße, die zum Haus führte. Ein Stein fiel mir vom Herzen. – Das Ganze blieb bis heute ein Rätsel, das Gott nun im Zuge des Niederschreibens meiner Erinnerung verstehbar macht: Ja, Jesus kommt wieder – in Macht und Herrlichkeit. Er ließ mich im Ölbergerlebnis etwas von dieser Herrlichkeit sehen und wollte mir in diesem Brückengeschehen etwas von Seiner Macht zeigen. Für Ihn, einen Gott, der Wunder tut, ist es kein Problem, einfach das Gesichtsfeld zu verrücken, Stadtteile und Menschen zu versetzen, wie in Matthäus 19,26 geschrieben steht: „Bei den Menschen ist's unmöglich, aber bei Gott sind alle Dinge möglich."

Als ich auf diese Weise erst spät abends im Haus ankam, eröffnete mir Christa Beer, dass sie mich nicht zum Flughafen bringen könne, ich müsse mit einem Sammeltaxi fahren. Ich erzählte ihr nichts von meinem Erlebnis, zog mich zurück, packte fertig und versuchte zu schlafen.

„Wenn Blicke töten könnten", dann wäre ich am nächsten Tag auf der Fahrt zum Flughafen, neben einem jüdischen Taxifahrer sitzend, tot umgefallen. Wir hatten uns ungeschickterweise auf Deutsch unterhalten. Das Gepäck stellte er uns nur am Straßenrand einfach ab. Als ich dann in Tel Aviv im Wartesaal saß und seufzend fragte: „Herr, was soll ich sagen?", war Seine Antwort nur: „Sag gar nichts, du kommst wieder." So flog ich heim. Am nächsten Tag, es war ein Montag, rief mich Margot an, um mir mitzuteilen, der Herr würde mir folgende Botschaft ins Herz legen: „In welche Turbulenzen du auch immer kommst, die Brücke wirst du immer sehen – und diese bin *ich*." Danke, Herr, für dieses Vermächtnis aus Jerusalem!

Meine Reise nach Amerika

35

Am 22. Oktober 1993 trat ich in Begleitung von Herta, die von Christa zu dieser Reise eingeladen worden war, meine erste Reise nach Amerika an. Wir flogen über New York und kamen in der Dunkelheit an. Der erste Eindruck, den ich vom Land der unbegrenzten Möglichkeiten hatte, war der Blick auf eine große, beleuchtete Brücke mit regem Verkehr und einer seltsam prickelnden Atmosphäre.

Christa hatte in Manhattan, dem vornehmsten Stadtteil von New York, ein schönes Hotel gewählt und für den nächsten Tag eine Sight-Seeing-Tour gebucht. Wir waren nach einer fast schlaflosen Nacht den ganzen Tag mit einem Autobus unterwegs, und müde im Hotel angekommen wollte ich lieber auf ein Abendessen im Restaurant verzichten als mich noch einmal in die Schuhe zu zwängen. Christa meinte, ich könne getrost mit den „Patschen" hinunter gehen, es würde niemand darauf achten; und so war es dann auch.

Bei einer Kutschenfahrt im Central Park präsentierte sich die Natur in einer herrlichen Herbstfärbung; den Abschluss bildete eine Fahrt mit der Fähre zur Freiheitsstatue. Dann flogen wir nach Indianapolis und zogen in Christas hübsches Miethaus ein. Am nächsten Tag folgte ein Besuch in ihrem Büro der Firma Lilly, wo sie nach den Urlaubstagen wieder arbeiten musste. Christa kümmerte sich aber aufmerksam darum, dass wir dennoch etwas erleben konnten. So organisierte sie einen Besuch im Children-Museum sowie einen bei einer sehr beeindruckenden Delphin-Show. Wir fuhren in den Geschichtspark von Conner Prairie, mit einem Dorf aus dem Jahr 1946, dem Geburtsjahr von Christa; dort wurden wir in die Zeit von vor fast 50 Jahren zurückversetzt. Den Besuch einer Bildergalerie beendeten wir mit dem Kauf eines Druckes von „Walking the Hedgerow", darauf folgte noch eine Fahrt nach Nashville, wo wir nach Halbedelsteinen schürfen konnten. Der Rückflug war über Chicago gebucht, wir sahen dort einen Film und genossen ein herrliches griechisches Abendessen. Damit war die Amerikareise zu Ende.

Die EU-Wahl

Am 12. Juni 1994 fand in Österreich die Volksabstim-
mung über den Beitritt zur Europäischen Union
statt. Im Mai davor gab es im Fernsehen zahlreiche
Diskussionen zu diesem Thema, oft geleitet von
Walter Schiejok. Beim Zuhören sprach ich gerne zu
Jesus, und einmal sagte ich: „Alles Mögliche kommt
zur Sprache, aber kein Wort von Gott", worauf Er
mich ernsthaft fragte: „Bist du bereit, mich öffent-
lich zu bekennen?" Nach meinem entschiedenen
„Ja" begannen die Vorbereitungen. Ich schrieb an
den ORF, konkret an Walter Schiejok, konnte aber
nicht mehr als Diskussionsteilnehmerin eingereiht
werden. Auf meine Frage „Was nun, Herr?" war
Seine Antwort: „Schreibe es nieder und versende
es."

Ich verfasste unter der Überschrift „Quo vadis,
Österreich" (Wohin gehst du?) eine Abhandlung
von drei Seiten, dem ich ein Zeugnis meiner Nachfolge Jesu Christi anhängte, versehen mit Namen
und Adresse. Als Erstes sollte ich diesen Text dem
damaligen Wiener Bürgermeister Dr. Helmut Zilk
schicken, dann an Dr. Wolfgang Schüssel und
schließlich an jene Personen, bei denen ich den
Eindruck hatte, ich solle es ihnen geben beziehungsweise ich auch Gelegenheit dazu hatte.

Und diese bot sich fast unmittelbar danach
an: Für den 22. Juni war eine Podiumsdiskussion in
Wien angesagt, mit Heide Schmidt vom Liberalen

Forum, Dr. Roland, dem Leiter der bekannten Maturaschule, und Vertretern der katholischen und evangelischen Kirche sowie der Israelitischen Kultusgemeinde.

Margot wurde von Dr. Roland gebeten, als Glaubensvertreterin daran teilzunehmen; sie wiederum bat mich, ihr das abzunehmen. Ich erkannte darin einen Auftrag und übernahm diese Aufgabe unter Seinem „Fürchte dich nicht". Das Thema lautete: „Braucht die Kirche den Staat, braucht der Staat die Kirche?" Vorausgeschickt sei, dass die Diskussion zu keiner schlüssigen Antwort führte.

Heide Schmidt plädierte für Ethikunterricht an Stelle des Religionsunterrichts und griff die Problematik der Homosexualität als ihr am Herzen liegend gründlich auf. Es gab von katholischer Seite irgendeinen speziellen Paragraphen, der ausführlichst erörtert wurde; auch über das Geld wurde intensiv diskutiert.

Für mich das Interessanteste und zugleich Schlimmste war, dass sowohl Dr. Roland, Lektor in der evangelischen Kirche, wie auch die Kirchenvertreter das Wort „Gott" kein einziges Mal in den Mund nahmen. Ich bat Gott zwar im Stillen, mich von einer Wortmeldung zu entheben, als aber der Ordnungshüter verkündete: „Nur mehr eine Wortmeldung", stand ich auf und machte den Gehorsamsschritt zum Mikrofon hin.

Als Erstes erwähnte ich meine Betroffenheit über den Ausschluss von Gott während der gesamten Diskussion; ferner stellte ich fest, dass ein Lehrer, der Ethik unterrichtet, sich wohl Wissen über die Lehre von sittlichem Denken und Handeln angeeignet haben muss, was eine Grundkenntnis der Gebote Gottes voraussetze. Ich griff auch das Thema Homosexualität auf, und ich sprach von der Liebe Gottes. Zweimal erntete ich Applaus, allerdings auch Unmutsrufe, die von der Aufsicht zurückgewiesen wurden.

Wiederum interessant fand ich – aber dieses Mal auf erfreuliche Weise – dass bei der Abschlussrunde am Podium die Glaubensvertreter es dann doch wagten Gott und einmal sogar Jesus beim Namen zu nennen. Nach der Veranstaltung kamen Leute auf mich zu und es ergaben sich Gespräche.

Ich hatte den Eindruck, der Herr wollte, dass ich meine EU-Abhandlung nicht Frau Heide Schmidt übergab, sondern jemand anderem aus dem Liberalen Forum, der sich interessiert daran zeigte und es weitergeben wollte.

37 Auf der Stolzalpe

In das Jahr 1994 fiel auch meine Hüftoperation, die am 16. November durchgeführt wurde. Weil ich dabei so deutlich die Handschrift Gottes erkennen konnte, will ich das Erlebte näher beschreiben: Trotz fortschreitender Schmerzen in der rechten Hüfte hatte ich mich eineinhalb Jahre zuvor entschieden, eine erwogene Operation unter dem Wort Gottes „Lass dir an meiner Gnade genügen" zu verschieben.

Im März 1994 erging dann Seine Frage an mich so: „Bist du bereit, den Schmerz noch auszuhalten?" Auf diese von mir mit „Ja" beantwortete Frage eröffnete mir der Herr bei einem Gebetsnachmittag mit Margot am 11. September Seinen Plan mit dem Wort „Stolzalpe". Wir erinnerten uns nur daran, dass dies ursprünglich eine Lungenheilstätte gewesen war. Als ich am nächsten Tag dort anrief, erfuhr ich, dass ein Professor, der die neueste Hüftprothese entwickelt hatte, nun dort operiere; ich könne in die Ambulanz kommen.

Am 16. September brachte mich Herta Holzer, eine Gartennachbarin von Margot, auf die Stolzalpe in der Steiermark. Ich wurde von einem iranischen Arzt untersucht und für den 13. November, also bereits zwei Monate später, aufgenommen. Am 2. November wurde eine Eigenblutkonserve angelegt, und mit meiner letzten Ordination am 8. November legte ich mit 73 Jahren 33 Jahre ärztlicher Tätigkeit in die Hände Gottes zurück. Die Operation am 16. November verlief – Gott sei Dank – mit gutem Erfolg.

Ich lag in einem Zweibettzimmer neben einer ganz lieben Nachbarin, die aber schon vor der Entlassung stand. Ich hoffte auf eine ebensolche Nachfolgerin, betete aber um ein Annehmen-Können, wie es auch sei. Und die neue Nachbarin war eine Herausforderung für mich von Anfang an. Sie war Patientin nach einer Schulteroperation und litt an einer Kallusbildung, die gefährlich auf einen Nerv drückte, mit Lähmungsgefahr. Ich hörte die ärztlichen Gespräche an ihrem Krankenbett mit, das Nein zu einer Operation, aber auch ihre Verzweiflung darüber und wie sie damit umging. Die Chemie zwischen uns passte nicht und unsere Kontakte beschränkten sich auf das Notwendigste. Fast im Stundentakt verließ sie das Zimmer um zu rauchen, dazwischen führte sie lautstarke Telefonate, die mit Weinausbrüchen einher gingen. Ein wichtiges Röntgenbild war nicht auffindbar, was sie auf die sprichwörtliche Palme brachte. Bei so einem Höhepunkt ihrer Verzweiflung sprach ich sie einmal auf ihren Glauben hin an. Ja, sie glaube an Gott, und ich erinnere mich noch gut daran, was ich damals zu ihr sagte: „Ich habe ein Gebet bei mir; wenn Sie wollen, versuchen Sie es damit, vielleicht hilft es." Ich trug nämlich immer ein geschriebenes „Lebensübergabegebet" in meiner Tasche; ich gab es ihr und sie nahm es an.

Um selbst zur Ruhe zu kommen, ging ich immer wieder in den Aufenthaltsraum am Ende des Ganges, der meistens leer war, um dort meine „Stille Zeit" zu halten. Und während eines Gebetes für sie sagte der Herr zu mir: „Bitte mich für sie um ein Wunder." Es erstaunte mich ein wenig, aber schlicht und einfach bat ich Ihn darum. Sie wurde zusehends ruhiger und zugänglicher; wir konnten Gespräche miteinander führen, und auch die Ärzte bemerkten ihre Veränderung. Als sie mir am dritten Tag sagte, dass sie mein Gebet jeden Tag bete, lächelten Gott und ich vielleicht gemeinsam. Das Röntgenbild wurde gefunden, und ein Arzt erklärte sich doch zur Operation bereit; diese gelang, und der Arzt sprach von einem „Wunder". Kurz darauf wurde sie noch mit den Nähten entlassen. Als sie ging, stand ich gerade bei der Tür. Sie gab mir die Hand und sagte: „Danke, das war ein Wunder!" Ich gab es an Gott weiter.

Ein neuer Dienst

38

Am 1. Juni 1995 begann ich mit einem regelmäßigen Besuchsdienst bei Frau Mack im Altersheim; sie war eine schwierige, blinde Frau, die ich vom Marburger Kreis kannte; sie zu besuchen fiel mir sehr schwer. An diesem Beispiel lehrte der Herr mich etwas Wesentliches.

Zur Erläuterung muss ich ein wenig ausholen: Es war einmal bei einem Seminar in Deutschland, wo ich das kleine, rote Büchlein „Mein Äußerstes für Sein Höchstes" von Oswald Chambers am Büchertisch liegen sah. Ich wusste sofort – noch bevor ich es angeschaut hatte – dass ich es kaufen sollte. Da es das einzige Exemplar war, reservierte ich es, bezahlte es, um es dann am Ende der Tagung mitzunehmen. Die lange Heimfahrt mit der Bahn war damit ausgefüllt, das Kostbare darin zu entdecken. Es war mein aufrichtiger Wunsch und es wurde eines Tages meine ehrliche Bitte an Gott, die ich in einem Gebet aussprach: „Mache mich zum Äußersten für *Dein* Höchstes"; ich hatte wohl an eine besondere Berufung gedacht.

Damals, als es mir so schwerfiel, den Besuchsdienst bei Frau Mack zu erfüllen, ließ mich der Herr erkennen, dass dieses „Äußerste für Sein Höchstes" jeweils für einzelne Situationen, für „heute" zu verstehen ist.

Dieser für mich so schwierige Gang ins Altersheim, jedoch von Herzen vollzogen, war an diesem Tag das „Äußerste für Sein Höchstes".

Daraufhin ließ ich alle Berufungsvorstellungen fallen und lieferte sie an Gott aus.

Eine Gosau-Freizeit

39

Wenn ich hier nun die neunte Gosau-Freizeit vom 29. Juli bis 21. August aufgreife, bedarf es zunächst eines Rückblickes:

Gosau, ein schöner Fleck in der oberösterreichischen Landschaft, ist ein langgestreckter Gebirgsort in der Dachsteinregion, unterteilt in Vorder-, Mittel- und Hintertal, von wo aus man den hochgelegenen Gosausee erreichen und bequem umrunden kann. Paul Hofmann, Mitglied einer anderen Mannschaft des Marburger Kreises in Wien, war bekannt für seine ausgeprägte Hilfsbereitschaft; er ging mit der Gründung der Gosau-Freizeiten – die erste fand im Juli 1983 statt – als der jederzeit an- und abrufbare „Pauli" in die Geschichte des Marburger Kreises ein. Diese Freizeiten zogen insbesondere die deutschen Geschwister an, und in der Folge ergaben sich zahlreiche erfreuliche Kontakte. Drei Ehepaare gingen daraus hervor und schöne Erinnerungen blieben. Pauli, als der Initiator und umfangreiche Gestalter jeder dieser Freizeiten, blieb Gosau, seiner „großen Liebe", treu bis zu seinem Ableben 2015.

An dieser neunten Freizeit nahm auch Christa vom 11. August an teil. Aus Paderborn in Deutschland war ein sehr aktiver Mitarbeiter des Marburger Kreises, ein Witwer mit Namen Manfred, gekommen, und wir hatten eine gute Beziehung zu ihm. So machten wir damals von Hallstatt aus einen Ausflug ins schöne Echerntal. Ich blieb beim Auto, Christa und Manfred gingen weiter, und als sie zurückkamen, hörte ich sie gerade sagen: „Ja, aber ich bin zu dieser Zeit in den USA und nicht in Österreich." Manfred hatte sie zu einer Gästetagung eingeladen.

Fortsetzung – Gosau

40

Freudig konnten wir, Manfred und ich, uns im Oktober bei einer Single-Tagung in Berg im Drautal, organisiert von Maria Prean, begrüßen. Auch dort machten wir gemeinsame Spaziergänge, sprachen über Christa und spielten dann vor und mit Gott – wir kamen zu Ihm im Gebet – ein wenig „Schicksal": Christa würde zu Weihnachten kommen. Vom 27. bis 31. Dezember war eine Gästetagung in Rummelsberg angesagt. Manfred wollte alles daran setzen, um dort noch als Mitarbeiter angenommen zu werden, und er wollte eine Einladung nach Amerika schicken. Das Experiment gelang, sie meldete sich an.

Christa kam am 22. Dezember aus den USA. Wir verbrachten gemeinsam mit Herta einen schönen Heiligen Abend in Christas Wohnung. Dann stand Rummelsberg auf dem Programm, aber Christa war nahe daran, abzusagen – und fuhr dann doch am 27. hin. Manfred erwartete sie und umsorgte sie, die einzige Österreicherin, liebevoll. Die Tagung tat ihr gut, sie traf eine stille Entscheidung für Jesus Christus, wollte aber ihren Glaubensweg erst in Amerika fest machen. Halleluja!

41 Ein Zeugnis

Am 9. Juli war Christa wieder aus den USA gekommen, sie blieb bis 12. August; begleitet wurde sie von einem Freund, Denis, der Österreich ein wenig erkunden wollte.

Ich lernte Denis bei einem gemeinsamen Abendessen im Wienerwald-Restaurant kennen, Christa übersetzte unser Gespräch. Er saß mir gegenüber und ich bemerkte, wie sein Blick immer wieder auf meine Hand fiel; schließlich erkundigte er sich nach meinem Ring, der für mich der „Verlobungsring mit Jesus" ist. So erhielt ich – spürbar geführt – die Möglichkeit, ihm anhand meiner Glaubensgeschichte kurz und prägnant das Evangelium zu erklären; es machte sichtlich Eindruck auf ihn und sollte auch positive Folgen für weiterhin haben.

Beginn einer neuen Wegstrecke

42

Der 19. Juli 1996 war ein wichtiger Tag für mich. Bei einem Notar ging das ehemalige Betriebshaus meines verstorbenen Mannes in andere Hände über, nachdem die auf 20 Jahre anberaumte Pflichtteilshypothek ausgezahlt war. Bis Juni des folgenden Jahres war mir ein Wohnrecht zugesagt.

Befreit von 20 Jahren Alleinverantwortung für dieses Haus fuhr ich erleichtert zu einer Tagung des Marburger Kreises nach Puchberg in Oberösterreich mit dem Thema „Hören, Schweigen, Gott erleben". Ein tiefes, beglückendes Vater-Kind-Erlebnis mit Gott ist mir heute noch in Erinnerung. Gesegnet vom Leiterehepaar ging es von dort direkt zur zehnten Freizeit nach Gosau, die vom 28. Juli bis zum 10. August stattfand.

Als Christa mit Denis einige Tage später eintraf und sie mir als „Bekehrte" beim Öffnen der Tür um den Hals fiel, konnte am 7. August das von Gott fünf Jahre zuvor angekündigte Freudenfest stattfinden. Mit allen Teilnehmern der Freizeit feierten wir bei einem festlichen Mittagessen zu zwölft Jesus Christus mit Dank in unserer Mitte. Dazu gab es einige Bibelstellen, wie Jesaja 43,18–19; Josua 1,9; Johannes 11,40.

Am Abend vor Christas Abflug gab es wieder ein Abschiedsessen im Restaurant Wienerwald.

43 Das Aufgeben einer großen Liebe

Unter dem Zuspruch Gottes *„Gehe deinen Weg mit mir, du wirst den Sieg erleben. Sei getrost, **ich** bin mit dir.“* nahm ich bezüglich meiner neuen Wegstrecke alle Gedanken unter dem Gehorsam gegenüber Christus gefangen. Ich legte sie auf den Altar, um Ihm die Führung zu überlassen. Das hieß: Ich wusste schon, wohin ich gehen wollte, nämlich in meine Traumstadt Baden, aber das war mir verwehrt.

Und das kam so: Immer, wenn es um besondere Einladungen ging, wählte ich gerne Baden und ein bestimmtes Lokal, in dem man sehr gut essen konnte. Da ergab es sich einmal vor geraumer Zeit, dass ich mit einer Bekannten dort zusammensaß, aus dem Fenster auf einen tiefblauen Himmel schaute und aus tiefstem Herzen sagte: „Ich liebe Baden!“ Zwei Tage später sprach Gott mich darauf an und bat mich: „Gib mir deine Liebe an Baden ab.“ Und das tat ich dann auch. Genau genommen hatte ich ohnehin keine Beziehung mehr dahin; ich löste meine Kabine im Strandbad auf und gab Gott Baden mit allem, was es beinhaltet hatte, zurück; ich sagte dieser Liebe ab.

Verständlicherweise war in der damals aktuellen Situation Baden für mich kein Thema mehr.

Die Weihnachtszeit bis 7. Jänner 1997 verbrachten Margot und ich in einem evangelisch-christlichen Haus in Scharnstein in Oberösterreich und es tat gut, nach diesem turbulenten Jahr zur Ruhe zu kommen. Es war ein strenger Winter mit Schnee und Kälte weit unter Null Grad. Ich ging dennoch fleißig an die frische Luft und genoss die schönen Tage in jeder Hinsicht.

44 Der Herr greift ein

Am 1. Jänner 1997 gab mir Susanne eine Botschaft von Gott durch: *„Heuer kein Land in Sicht, aber eine gute Zwischenlösung, die aussieht wie eine Endlösung; nicht viel investieren."*
Für ein paar Tage kam ein Ehepaar aus Gallneukirchen, einer evangelischen Enklave in Oberösterreich, vorbei und ich erkundigte mich, ob ich eventuell dort Fuß fassen könnte, denn ich wollte von Wien weg. Als ich ihnen Näheres über meine Situation erzählte, rieten sie mir von Gallneukirchen ab; aber sie berichteten, dass sich ihre Eltern beziehungsweise Schwiegereltern in Baden sesshaft gemacht hätten und dort sehr zufrieden seien. Also bekamen sie als Draufgabe noch meine Badener Geschichte zu hören. Ich äußerte auch die Vermutung, dass es dort keine Gemeinde gäbe. Sie entgegneten: „Oh, doch; es gibt sogar einen christlichen Buchladen mit dem Namen ‚Quo vadis'." Ich solle mich doch dort erkundigen. Ich wollte alle Gedanken über das Gehörte beiseite legen, was mir aber nicht gut gelang. Die Frage „Komme ich vielleicht doch nach Baden?" blieb bestehen.

Am 7. Jänner traten wir die Heimreise von Scharnstein an. Aber welche Überraschung! Als ich das eiskalte Haus betrat, sah ich, wie eine schwarze Flüssigkeit von oben heruntertropfte, zum Stiegenaufgang hin. Dragica, die Hausbesorgerin, kam mir auch gleich entgegen und berichtete, dass im ganzen Haus das Wasser eingefroren sei; es gab nur einen noch offenen Hahn im Keller. In meiner Wohnung war es kalt, nur die Diele war, weil der Ölofen eingeschaltet war, leicht überschlagen. Der schöne große Philodendron im Stiegenhaus war im „Ausbluten" und alle Pflanzen im Vorraum trugen Frostschäden.

In dieser kalten Nacht war es, dass Gott mir den Ausweg zu einem Neubeginn zeigte. Frau Staffa und Gerti Müller gab es nicht mehr und so wandte ich mich an Herta Holzer, die mich dann ab 8. Jänner für die erste Notzeit bei sich zum Schlafen aufnahm.

Und am 9. Jänner schickte mich der Herr tatsächlich in den Buchladen Quo vadis (das heißt „Wohin gehst du?") nach Baden. Als ich dort freundlich begrüßt und nach meinem Anliegen gefragt wurde, sagte ich, ich wüsste zwar, wohin ich gehe, nämlich Jesus nach, aber nicht, wo ich in Zukunft leben würde. Unser Gespräch war offen und von gegenseitiger Sympathie getragen. Er, ein Ältester aus der „Evangelikalen Gemeinde Baden", lud mich für Sonntag, 12. Jänner, zum Gottesdienst ein, der bereits um 9 Uhr begann. Also musste ich mit der Badner Bahn schon zeitig unterwegs sein. Der Prediger und seine Predigt sprachen mich an, und von den Teilnehmern wurde ich freundlich begrüßt und zu einem Wiederkommen eingeladen. Ja, und so konnte ich Baden als ein „Geschenk von Gott" aus Seiner Hand erneut entgegen nehmen.

45 Mein Einstieg in Baden konkret

Ich beauftragte Immobilienfirmen, mir Objekte in Baden in Zentrumsnähe anzubieten. Auch in dieser Sache bat ich den Herrn um einen konkreten Hinweis von Seiner Seite. Und ich leistete mir ein Bravourstück, indem ich hintereinander vier verschiedene Hauskreise der Badener Gemeinde besuchte, um so in kürzester Zeit mit zirka 30 Leuten in Kontakt zu kommen. Herta Holzer brachte mich mit dem Auto hin und nahm mit mir auch daran teil.

„Ich habe eine Wohnung für Sie", so offerierte mir eines Tages ein Makler eine Wohnung in der Valeriestraße 9. Ich fuhr hin, fand jedoch von außen gesehen keinen Gefallen daran und sagte ab. Einige Tage später offerierte mir jemand anderer diese Wohnung mit ähnlichen Worten, und ich sagte wieder ab. Ein drittes Mal war es eine Maklerin, und ich fragte gleich: „Valeriestraße 9?" Als sie meine Frage bejahte, erklärte ich ihr mein Nein, aber sie brachte mich dazu, die Wohnung einmal anzuschauen.

Der vereinbarte Termin war der 1. Februar, ein trüber Tag. Als sie die Tür zur Wohnung im 1. Stock öffnete, lief ein Lichtstreifen über den dunklen Boden, und ich wusste: „Das wird meine Wohnung sein." Ich war wahrlich nicht begeistert, sie erschien mir mit 90 m² zu groß, war schon ziemlich abgewohnt, und im Wohnzimmer ragte ein riesiger aus Natursteinen aufgebauter Kamin bis zum Plafond hinauf, der keinerlei Funktion hatte. In diesem Augenblick erklärte ich ihn zum „Felsen Jesu", auf den ich meine Sorgen werfen würde. Statt eines Dachgartens gab es eine 6 m² große Loggia, auf die ich mich schon freute. Und es war genug Platz für Möbel aus der Wiener Wohnung, die ich mitnehmen konnte. Auch daran konnte ich wieder erkennen, dass Gott an alles gedacht hat. Zuerst vor Gott und anschließend gegenüber der Maklerin gab ich mein Ja zur Wohnung und erbat nähere Informationen.

Die Wohnung stand im Eigentum der verstorbenen Mutter einer Frau Doktor, die einen Kosmetiksalon betrieb, und sollte nun für 3 Jahre vermietet werden. Der Mietpreis war hoch, ich nenne jetzt eine fiktive Zahl von 11 000 S. Demgegenüber standen Gottes Anweisungen, nämlich dass der Mietpreis nur 9000 S betragen solle und die Mietdauer auf ein Jahr begrenzt sei, mit der Möglichkeit einer Verlängerung um drei Monate, was ich rechtzeitig bekanntzugeben hätte. Diese Vorschläge wurden von der Vermieterin nicht angenommen, sodass ich der Maklerin absagte. Hierauf schaltete sich die Frau Doktor selbst ein. Wir trafen uns, und ich gab Zeugnis von der Führung Gottes in meinem Leben, nach der ich handle. Sie erzählte mir von ihrer indischen Spiritualität. Der Herr war Sieger, der Preis wurde mit 9500 S festgelegt und der Vertrag auf ein Jahr abgeschlossen.

Um näher am Geschehen zu sein – die Renovierung ohne viel zu investieren hatte begonnen – mietete ich mich am 10. Februar im Kurhaus Mariazellerhof ohne Kur in ein kleines Zimmer ein, um acht Wochen danach am 7. April in mein noch unfertiges neues Heim einzuziehen.

Herta und Margot holten mich ab und mit Gebet weihten wir die Wohnung ein. Der Zuspruch Gottes an mich geschah durch die Worte „Braut und Bräutigam" und „Fürchte dich nicht". Ich ging an diesem Abend noch in der untergehenden Sonne in einen Hauskreis, und als ich spät nachhause kam und allein vor der Tür stand, bat ich Jesus, mich über die Schwelle zu tragen. Er ließ mich Seine Nähe spüren.

Am 19. Juni erfolgte der große Umzug von Wien nach Baden, am 30. Juni das endgültige Verlassen der Wohnung. Schwer fiel mir der Abschied von meinem kleinen Paradies, dem Dachgarten, der mir so viel Freude gemacht hatte.

Eine turbulente Zeit

Ich stellte mich bei meiner Nachbarschaft vor; diese bestand aus einer ganz lieben 74-jährigen Frau B. und ihrem kranken Mann in der gegenüberliegenden Wohnung, einem älteren Ehepaar über und einer geschiedenen Frau R. unter mir. Am 14. Juli war Susanne zum ersten Mal in meiner Wohnung, und auch da legten wir sie betend ganz in Gottes Hände.

Kurz darauf entschloss ich mich, einen mir angebotenen Erholungsaufenthalt in einem Schwesternhaus in Gunzenhausen in Deutschland in Anspruch zu nehmen. Einen Tag vor der Abfahrt dorthin trennte ich mir beim Schneiden von hartem Brot das linke Zeigefingerspitzel vollständig ab. Trotz hoch gehaltenen Armes schien das Bluten kein Ende nehmen zu wollen. Als ich dann versuchte, mit einer Hand notdürftig die Arbeitsfläche zu reinigen, sah ich – wie zur Seite gelegt – mein Fingerspitzel liegen. Ich nahm es, drückte es wieder fest an meinen Finger und verband diesen möglichst straff. Am nächsten Tag trat ich – mit verbundenem Zeigefinger – die weite Reise mit dreimaligem Umsteigen an. Im Schwesternhaus wurden Wetten abgeschlossen, ob mein Fingerspitzel wieder angewachsen sein würde oder nicht. – Ja, es war angewachsen! Wieder konnte ich Gott für ein Wunder danken!

Ende November fuhr ich zu einem Seelsorgetreffen in eine „Herberge" nach Tirol, wo ich sehr intensiv erlebte, dass Jesus Christus zu mir sprach. So erhielt ich am Abschiedsabend eine Bibelstelle zugesprochen, die mir zuvor schon zwei Mal zu verschiedenen Zeiten und von verschiedenen Personen zugesagt worden war. Es ist die Stelle aus Johannes 21,18, die damals Paulus galt, und nun auch für mich gelten sollte: „Als du jünger warst, gürtetest du dich selbst und gingst, wo du hinwolltest; wenn du aber alt bist, wirst du deine Hände ausstrecken und ein anderer wird dich gürten und führen, wo du nicht hinwillst." Unter Tränen bat ich Gott, mir zu zeigen, wohin ich geführt werden sollte und wohin ich nicht wollte. Sein Kommentar dazu war einfach:

„*Fürchte dich nicht, du kannst nichts falsch machen.*"

Im Nachhinein erhielt ich noch folgende Botschaft:

„*Du hast mir dein Leben gegeben, du gehörst mir. Ich liebe dich über alle Maßen. Du hast ein Wort bekommen, das dir nicht gefällt. Aber gerade dieses Wort ist der Weg, den ich mit dir gehe, um dich in die Seligkeit zu bringen, die ich für dich vorgesehen habe. Du wirst für jeden Tag Kraft bekommen, um diesen Weg zu gehen.*"

Nachdem ich wieder einmal Weihnachten und Neujahr zusammen mit Margot in Scharnstein verbracht hatte, erhielt ich am 8. Jänner von Gott den Hinweis, ich sollte meine Wohnung im Eigentum erwerben. Doch als ich mit der Vermieterin darüber sprach, kam von ihr nur ein vorläufiges Nein. Aber wir wollten nach meiner bevorstehenden Israelreise weiter darüber sprechen.

Und das kam so: Bei der Durchsicht eines neuen Programmheftes fiel mein Blick auf eine für die Karwoche vom 6. bis 13. April 1998 angekündigte Reise in die Wüste Negev zum Thema „Gott in der Wüste erleben", geleitet von Maria Prean.

Meine erste Reaktion war die Frage: „Lieber Gott, meintest Du mit deiner Botschaft damals in Jerusalem ‚Du kommst wieder, und zwar bald.' diese Reise?" Ich hatte den Eindruck, dass der Herr „Ja" sagte, und so nahm ich die telefonische Verbindung mit Maria auf. Meine angebrachten Bedenken schlug sie mit dem Hinweis „Wenn Jesus es will, musst du folgen" in den Wind. Beruhigend vermittelte sie mir, dass sie das Zelt kenne und es einen geeigneten Platz für mich geben würde.

Nach einigen ermutigenden Bibelversen, die ich von Gott erhalten hatte, entschloss ich mich am 24. Jänner, Ihm mein Ja zu dieser Reise in die Wüste zu geben.

47 Reisebeginn – Ostern in der Wüste

Am 29. März brach ich zunächst zu Maria nach Imst auf, die mich von dort mit dem Auto mitnahm. Vom 30. März bis 4. April leitete sie noch ein Seminar in Bischofsheim, und am Montag, den 6. April, starteten wir dann von München aus in die Wüste.

Es war schon fast Nacht, als wir mit dem Bus ankamen; wir erfuhren, dass wir keinen Platz im großen Zelt bekommen würden und uns mit einem tiefer gelegenen, kleineren begnügen müssten. Es ging ziemlich steil bergauf, und so war ich die Letzte, die oben ankam. Als ich vor dem Eingang stand und in den trostlosen Raum sah, konnte ich – gegen jedes bessere Wissen – einen Ausruf „Nein, da kann ich nicht bleiben!" nicht zurückhalten.

Ich steuerte dann doch einen Platz neben einem im Raum stehenden alten Kanonenofen an, an dem ich mich würde hochziehen können. Maria wollte mich davon abhalten; da er mir aber von Gott zugesprochen schien, nahm ich ihn ein. Ein langes Ofenrohr ins Freie hinaus sorgte für etwas Frischluft, und mein geöffneter Schalenkoffer auf der linken Seite schaffte ein wenig Abstand zum Nächsten. Wir lagerten ja wie die Sardinen nebeneinander, nur in der Mitte verlief ein schmaler Gang. Zwei auf dem Lehmboden übereinander gelegte Luftmatratzen vervollständigten mein sogenanntes „Kaminzimmer".

Maria führte mich dann zur Waschanlage, die noch ein Stück höher lag. Als mir klar wurde, dass dort auch die einzige in der Nacht zu benützende WC-Anlage war, sprach ich im Gehorsam Gott gegenüber die Annahme meines Hierseins aus. Daraufhin rief Maria aus: „Nein, jetzt lobe und preise Gott für die Gnade, dass du hier sein kannst!" Gott allein wusste, wie es mir damals gelang, als ich für die erste Wüstennacht zu Boden ging und betete. Aber Er sorgte für mich. *Danke!*

Der Tagesablauf war folgender: Vor dem Frühstück gab es eine Morgenandacht, danach einen biblischen Impuls für den Tag; von da an, also ab zirka 11 Uhr, waren wir mit Gott allein. Erst um 17 Uhr gab es wieder ein Treffen zu einer Hauptmahlzeit und einer gemeinsamen Abendgestaltung.

Obwohl es nichts wirklich zu unternehmen gab, zerstreuten sich die Leute ziemlich rasch. Die Tage waren sehr heiß, die Nächte hingegen kalt. Ich hatte einen gut tragbaren Klappsessel und war mit diesem vorwiegend auf Schattensuche unterwegs, den ich allerdings nur beim oberen Zelt und in der Nähe der Waschanlage fand. Gott stellte mir Ilse aus einer Gemeinde in Oberösterreich, die ich schon kannte, liebevoll zur Seite; wir konnten gut miteinander beten und einander austauschen. Durch sie schenkte der Herr mir zwei Bilder:

Bild 1: Eine Wiese mit vielen Blumen, darauf ein Baum mit alten Ästen, aber in voller Blüte, die Blumen neigen sich ihm zu.

Bild 2: Ein Grab, bedeckt mit einer Platte aus hellem Marmor, in der Mitte eine Rose und davor zwei Gestalten.

Ilse erschrak, denn sie konnte damit nichts anfangen, ich aber sah darin mein gewünschtes „weißes" Begräbnis. Für mich war es ein Ausdruck für das „Sterben von meinem Ich, durch das Kreuz, mit Grablegung". Ich freute mich darüber.

Wenn man auch von einer Landschaft in der Wüste nicht sprechen konnte, so stellte doch die Symbiose von Steinen und Sand, von Höhen und Tiefen eine solche dar, die mich zu einem andächtigen Staunen brachte. Der Blick auf den gewaltigen Höhenzug von Edom, der Heimstätte Esaus, vermittelte biblische Geschichte und ließ mich empfinden, auf heiligem Boden zu stehen.

Wüste: Passionstage

48

Am Gründonnerstag stieg ich auf eine Höhe um meine „Höhen" abzubauen. Ich suchte mir einen Platz neben einem Dornbusch am Rande eines Abgrundes, beschriftete Steine mit meinen Verfehlungen, sagte ihnen betend ab, und warf sie in den Abgrund. Besonders tief lag es mir am Herzen, mit dem „Mürrstein" meine schlechte Eigenschaft in der Wüste zurückzulassen.

Am Karfreitag hatten wir um 15 Uhr zur Sterbestunde Jesu eine Andacht mit anschließenden Seelsorgegesprächen, wobei ich in tiefer Buße, Reue und Erschütterung mein Anliegen vor Gott brachte, und dies von Maria den anderen gegenüber als eine besondere Gnade dargestellt wurde. Bei anbrechender Abendkühle saß ich dann auf meinem Lieblingsplatz dem Berg Edom gegenüber und schrieb meinem himmlischen Vater einen Brief als Dank.

Am Karsamstag gab es nichts Bedeutsames, nur der in der Nacht plötzlich mit Gewalt einsetzende Sandsturm wird mir immer in Erinnerung bleiben. Er rüttelte bedrohlich am ohnehin schon desolaten Zelt und die Männer mussten dieses mit zusätzlichen Steinen sichern. Ein „Stoßtrupp" setzte sich zum Gebet zusammen und stimmte Loblieder an.

Der Ostersonntag war ein extrem heißer Tag; vor dem Zelt versuchte ich dennoch die sandbedeckten Habseligkeiten aus dem Koffer wieder vom Sand zu befreien. Als ich danach schweißgebadet bei der Waschanlage ankam, traf ich dort Ilse, ebenfalls Kühlung suchend, an. Wir beteten miteinander und sie bekam folgenden Eindruck: „Über deinem Kopf sehe ich eine Salbung und Verleihung von Autorität; Gott formt dich als Gefäß mit einem besonders schönen Rand."

Wüste: Abschluss

49

Am Sonntag um 17 Uhr, während wir im Zelt zusammen waren, rief plötzlich jemand von draußen: „Schnell hinauf zum Sonnenuntergang!" Und schon stürmten alle den Hang hinter dem Zelt nach oben. Ich musste die Straße wählen und stand dann allein tief ergriffen vor diesem Geschehen.

Jesus ließ mich noch ein zweites Mal Seine Herrlichkeit sehen. Die Beschreibung meiner damaligen Erfahrung am Ölberg war im Vergleich zu dem, was ich hier erlebte, einfach. Ich sah ein Farbenspiel von tiefem Schwarz, glutroter Sonne, lieblich blauem Himmel, hell beleuchteten Wolken, jede einzelne mit eng aneinander liegenden Kristallen umrandet; es war einfach himmlisch.

Als ich dann ins Zelt kam, rief Maria aus: „Schaut sie an, ihr Gesicht leuchtet!" Was danach noch am Abschiedsabend stattfand, drückte ich nach unserem Heimflug am 13. April in Form des folgenden Bekenntnisses aus:

„Herr, ich proklamiere meine im Anblick Deiner Herrlichkeit empfangene Berufung zur ‚Dienerin des Evangeliums', nehme sie an und besiegle sie mit meinem Ja, im Namen Jesu, dem ich folge. Ich sage mein ‚Hier bin ich, sende mich nach deinem Plan und Willen.' In Epheser 3,7 schreibt Paulus: ‚[Des Evangeliums] Diener [bin] ich geworden [...] durch die Gabe der Gnade Gottes, die mir nach Seiner mächtigen Kraft gegeben wurde.' Und ich füge hinzu meinen Dank für die Gnade und Kraft, Ostern in der Wüste erlebt zu haben."

Als ich am 27. April dann zusammen mit Susanne betete, drückte sie es so aus: „Was stattfand, war in gewisser Weise eine ‚Krönung‘ in der Wüste; die zwei Gestalten am Grab waren möglicherweise Hüter."

Dann stellte mir Gott die Frage: „Was soll ich dir tun?" Meine Antwort lautete: „Ich wünsche mir die völlige Vereinigung mit Dir im Sinne einer Vermählung." Die Schlüsselwörter, die ich dazu erhielt, waren „Stille, Hingabe, Ruhe, Warten".

Aus der Wüste in die Oase – Oasis

50

Bei meiner Rückkehr von der Reise fand ich am Anrufbeantworter bereits die telefonische Zustimmung der Vermieterin vor, meine Wohnung in der Valeriestraße 9 im Eigentum zu erwerben; am 14. Mai wurde der Kaufvertrag unterschrieben. Damals ahnte ich noch nicht, was damit auf mich zukommen würde.

Von Gott erhielt ich folgende Botschaft:

> *„Harre, ich will dir begegnen und dir klar machen, dass du einen Weg gehen sollst, der zwar nicht leicht sein wird, aber du wirst sehr nahe bei mir sein. Sag zu diesem Weg Ja."*

Daraufhin gab ich Gott mein Ja, gleich einer Blankoscheck-Unterschrift.

Vom 9. bis 13. September 1998 nahm ich an der Gebetstagung des Marburger Kreises in Puchberg teil; dort erhielt ich einen besonderen Segen für den „unteren Weg" und eine Salbung zum Dienst. Und gleich am 14. September folgte dann mein Einstieg in die Flüchtlingsarbeit in Traiskirchen.

Das hatte sich so ergeben: Ein weltweit arbeitendes „International-Team" hatte 1987 ein aufgelassenes Lebensmittelgeschäft in der Nähe des Flüchtlingslagers Traiskirchen gekauft, um dort unter dem Namen „Oasis" ein christliches Zentrum zu errichten – mit fluktuierenden Mitarbeitern. Der damalige Leiter hieß Tom; er war mit seiner Familie aus den USA gekommen. Weitere

Mitarbeiter waren Miriam aus der Schweiz sowie Anne und Carol, beide ebenfalls aus Amerika.

Anne besuchte auch unseren Sonntagsgottesdienst, sie saß an diesem 6. September hinter mir, und als Gebetszeit war, verkündete sie die dringende Notwendigkeit von Mitarbeitern für die Oasis. Spürbar erfasst von Gottes Nähe, vernahm ich Sein „Melde dich." Er ließ mir einfach keine Bedenkzeit, also drehte ich mich zu Anne um und bot ihr eine – mit 77 Jahren unmöglich erscheinende – Mitarbeit in einem jungen, Englisch sprechenden Team an. Anne nahm das Angebot sofort an, auch von anderen erhielt ich Zuspruch. So betrat ich eine Woche später am 14. September meinen neuen Arbeitsplatz.

Ich war täglich im Einsatz; meine Aufgaben waren: Deutsch unterrichten, bewirten, mit Frauen sprechen, Nachmittagskaffee begleiten, Kleiderausgabe für Männer und Frauen betreuen. Insbesondere aber war ich in der Küche bei der Kaffeeausgabe und beim Abwaschen unzähliger Häferl anzutreffen. Ich war gerne gesehen.

Jeweils am Freitag fand ein evangelistischer Abend statt. Es war eine Aufgabe, die mir Freude machte. Meine Bitte um ein „Englischsprechwunder" erfüllte Gott allerdings nicht.
Er stellte mir folgende drei Fragen:

1. *„Glaubst du, dass ich dich dorthin gestellt habe?"* – „Ja."

2. *„Glaubst du, dass ich durch dich etwas bewirke?"* – „Ja."
3. *„Glaubst du, dass ich dich liebe?"* – „Ja."
   „Dann überlasse alles mir."

Und Gott gab zu verstehen, dass das amerikanische Team mit mir Deutsch sprechen sollte. Es war eine erfreuliche Zusammenarbeit über zwei Jahre hinaus. Leider kam ich Ende März 2000 mit Verdacht auf Lungenentzündung ins KFJ-Spital; am 15. Mai trat ich, gesundheitlich angeschlagen, unter beidseitigem Bedauern offiziell von der Flüchtlingsarbeit zurück.

51 Der Feind spielt mit

Unter dem Auftrag Gottes „Ich brauche dich dort als eine Beterin" trat ich im April 1999 die Reise zu einer Gebetstagung des Marburger Kreises nach Rotenburg an der Fulda in Deutschland an. Von Gott hatte ich zwei Hinweise erhalten: „Ich habe dir einen Tisch im Angesicht deiner Feinde gedeckt" und „Unter dem Kreuz ist dein Platz, von dort kommt dir alles zu". Sie sollten mich stärken, um die am 30. April beginnenden Angriffe des Feindes zurückzuweisen. Der Feind versuchte, Zwietracht zwischen Frau R., die unter mir wohnte, und mir zu säen.

Frau R. unter mir führte zunehmend ein lautstarkes nachaktives Leben durch Radio, Fernseher, Putzsucht und ihre Vorliebe, ab 12 Uhr Mitternacht zu duschen, sodass ich nicht schlafen konnte. Ich betete um Abhilfe; daraufhin erhielt ich ein Bild, eine weiße Wolke bei mir. Aber dieser Zuspruch und eine Lehre Gottes brachten nicht den erwünschten Erfolg. Eine Woche danach kam Jesus zu mir und sprach:

„Mein Kind, ich kann mich gut in dich hineindenken, mich mit dir identifizieren; was du durchmachst, ist ein Leidensweg. Ich selbst war in meinem großen Leid allein, einen Bruchteil meines Leids erlebst du jetzt. Aber sei gewiss, ich bin mit dir. Ich will dir helfen, diese Schwierigkeiten zu ertragen."

Am darauffolgenden Wochenende kam erschwerend hinzu, dass der geschiedene Mann von Frau R., ein Fotograf, mit seiner gesamten Ausrüstung auftauchte. Und dann duschten sie hintereinander bis weit über ein Uhr früh hinaus. Ich bezeichnete diese Nacht als „Nacht der Nächte", weil trotz aller aufgebotenen Beruhigungsversuche mein Herz nicht gehorchte und laut zu toben begonnen hatte.

Am nächsten Abend ging ich hinunter, um sie zu bitten, doch Rücksicht zu nehmen. Herr R. öffnete mir die Tür, ließ mich aber am Gang stehen und erklärte in böser Weise, dass Duschen, zu welcher Zeit auch immer, wohl nicht verboten sein könne. Ich ging wieder hinauf und tat vor Gott das, was mir aufgetragen war, nämlich ihnen zu vergeben.

Nach weiteren vier Tagen kam zum Nachtgeschehen noch eine Tageskatastrophe in Verbindung mit ihrer Loggia hinzu; ich erspare mir aber die nähere Beschreibung.

Dazu ließ mir der Herr die Stelle aus Hesekiel 2,6–7 zukommen: „Und du, Menschenkind, sollst dich vor ihnen nicht fürchten noch vor ihren Worten fürchten. Es sind wohl widerspenstige und stachlige Dornen um dich, und du wohnst unter Skorpionen; aber du sollst dich nicht fürchten vor ihren Worten und dich vor ihrem Angesicht nicht entsetzen – denn sie sind ein Haus des Widerspruchs –, sondern du sollst ihnen meine Worte sagen, sie gehorchen oder lassen es." Und durch

Matthäus 5,44 wurde ich zur Feindesliebe aufgefordert. Jesus sagt: „Liebt eure Feinde und bittet für die, die euch verfolgen."

So kam es, dass meine Wohnung in der Valeriestraße für mich ein Übungsfeld der Nächstenliebe sein und bleiben sollte, und das über Jahre hinaus.

Wieder in der Schule

Das Elijah-House America (John Sandford) bot für das Jahr 2001 in Österreich eine Seelsorgeschule an. Am 5. Dezember überlegte ich gemeinsam mit Susanne, ob ich daran teilnehmen sollte. Bibelstellen und das Bild „Ich werde Tränen abwischen", das ich erhielt, sprachen für eine Teilnahme. Ich sah darin einen Aufruf und eine Zusage Gottes für mehr Dienst.

So stellte ich mich gleich am 11. Dezember im Elijah-Haus Österreich in Pitten, einem Nachbarort von Seebenstein, vor; der Leiter dieses Hauses hieß Simon Pollit, ein gebürtiger Engländer. Ich meldete mich für die im Jänner beginnende Seelsorgeschule in St. Gabriel bei Mödling an.

Ja, und so lief das Wendejahr 2000 aus und sah Margot und mich wie üblich vom 23. Dezember bis 8. Jänner wieder in Seebenstein als Nachfolge von Scharnstein. Gleich am 1. Jänner sprach der Herr zu mir:

> „Heuer ein Durchbruch zu einem neuen Lebensabschnitt; ein Schlüsselwort ist Jeremia 15,19: ,[Du] sollst [...] mein Mund sein.' Das Elijah-Haus ist eine neue Aufgabe, ein mühevoller Weg mit einem noch steilen Aufstieg. Habe keine Erwartungen, dann kannst du nicht enttäuscht sein."

Mein Einstieg in die Schule am 12. Jänner war geprägt von Stille und Frieden, die ich durch folgende Psalmworte erhalten hatte:

Psalm 4,9: „Ich liege und schlafe ganz mit

Frieden; denn allein du, Herr, hilfst mir, dass ich sicher wohne."

Psalm 131,2: „Fürwahr, meine Seele ist still und ruhig geworden; wie ein kleines Kind bei seiner Mutter [...], so ist meine Seele in mir."

Als ich am nächsten Tag dort aufwachte, hatte ich ein wunderbares Gott-Vater-Erlebnis, das ich noch heute in meinem Herzen trage.

Obwohl ich mich in weiterer Folge gesundheitlich gar nicht gut fühlte, fuhr ich doch zu einem Kurzseminar der „Geistlichen Gemeindeerneuerung" nach St. Georgen im Attergau, weil mich das Thema „Richtiger Umgang mit Prophetie" sehr interessierte. In der Nacht erlitt ich einen heftigen Anfall von Bauchschmerzen; in der Früh gab es ein Bild, das eine Leitschiene zeigte, auf der jemand am Bauch robbte und immer wieder stöhnte. Dringlichkeit war damit angesagt. Bereits einen Tag nach meiner Heimkehr lag ich im Spital der Barmherzigen Schwestern in Wien; am 2. Februar wurde ich dann operiert, der Darmabschnitt Sigma wurde entfernt.

Christa kam aus den USA angeflogen und brachte mich anschließend zur Erholung nach Seebenstein; sie blieb zwei Tage dort bei mir. Am 20. März beteten die Ältesten für mich nach Jakobus 5,14, denn ich hatte Gewicht abgenommen und erholte mich nur langsam.

Vom 27. April bis 2. Mai fand dann der zweite Teil der Seelsorgeschule in St. Gabriel statt, dieses

Mal im großen Plenarsaal. Unmittelbar neben dem Podium war ein großes Kreuz aufgerichtet, mit Jesus in einem erbärmlichen Zustand. Es war nicht die Dornenkrone, die Er trug – und mir im Kleinformat zum Mittragen gab, sondern es war Sein abgemagerter Körper, der meine Blicke anzog, um sich mit meinem empfundenen Elend in tröstlicher Weise zu vereinigen.

Der Vormittag war ausgefüllt von Lehre, und wir erhielten Aufgaben, um das Gehörte zu vertiefen. Nachmittags gab es Gespräche innerhalb von Gruppen, Seelsorge wurde angeboten – es gab genug Tränen zum Abwischen. Der Abend war frei. Es war ein erwachender Frühling, und ich verbrachte sich ergebende freie Zeit gerne in dem groß angelegten Park.

53 Ein zweites Mal Amerika

Christa hatte mich ein weiteres Mal zu einer großen Reise nach Amerika eingeladen; im Gebet gab mir Gott Seine Befürwortung dieser Reise. Eine Woche vor dem geplanten Abflug am 28. August nahm ich noch an einem Seelsorgeeinsatz teil; danach sollte noch genügend Zeit sein, um die nötigen Vorbereitungen zu treffen. Alles gelang gut – bis mich in der Früh des Abreisetages ein schreckliches Gefühl des Unvermögens überfiel. Ich rief Christa an und sagte ihr ab; sie reagierte sehr besonnen, machte mir den Vorschlag, zur festgesetzten Zeit zu mir zu kommen – ich würde dann mitfliegen oder nicht. Gott stärkte mich dann doch mit einem Ja; wir gingen in eine nahe gelegene Konditorei zum Frühstücken; danach checkten wir gut ein und erlebten einen angenehmen Flug.

Es war ein warmer Abend als wir in Washington ankamen. Leider holten wir uns beide im Taxi mit einer auf eiskalt geschalteten Klimaanlage eine Erkältung mit Husten.

Als wir dann spät am Abend bei Christas Haus in Indianapolis ankamen, bewegte mich die von Zirkadengesang durchdrungene Atmosphäre; allerdings musste Christa nun feststellen, dass ihr Auto nicht ansprang. Fast schon in der Nacht borgte sie ein Auto aus, damit wir noch einkaufen fahren konnten. Wir aßen eine Kleinigkeit, und ich bezog „mein" Zimmer. Der Ausläufer eines Hurrikans sorgte bald danach für teilweise sintflutartige Regengüsse, die auch im Keller von Christas Haus etwas Schaden anrichteten.

Am ersten Sonntag Vormittag besuchten wir einen Gottesdienst bei Northside Vineyard; Christa stellte mich dort ihrem ersten Pastor Sean Timhare vor. Am zweiten Sonntag nahmen wir an dem Gottesdienst bei Midtown Vineyard teil; zu dieser Gemeinde, deren Pastor Jim Mathis war, gehörte Christa damals. Am Abend trafen wir uns in einem von Christa zur Verfügung gestellten kleinen Gemeindehaus zum Gebet – für und mit anderen.

Wir hatten eine gute Zeit miteinander, kochten meistens gemeinsam Gutes und genossen es dann im an die Küche anschließenden Speisezimmer. Christa arbeitete meistens im Garten, mir machte es Freude, die Garage so gut es ging sauber zu machen, die Zufahrt von schon früh gefallenen Blättern zu reinigen und auch die Holzterrasse gut begehbar zu putzen. Bei Ruhepausen im Wohnzimmer las ich damals gerade einen Auszug aus der Narnia-Chronik von C. S. Lewis; auch das schwarze Katzenpaar begann, sich an mich zu gewöhnen.

Wir unternahmen zwei größere Ausflüge, einmal eine Fahrt nach Nashville mit einem Spaziergang am Oak-Lake und ein anderes Mal eine zu den „Amischen". Dort aßen wir im deutschen Restaurant zu Mittag und trafen uns dann im Restaurant Marion mit Denis zu einem Abendessen.

Ein Highlight am letzten Abend war das Eröffnungskonzert mit dem Indianapolis Symphony Orchestra, Christa hatte für schöne Logenplätze gesorgt. Aber ein kleines Konzert direkt vor der Haustüre wird mir ewig – vielleicht wirklich ewig – in Erinnerung bleiben: Ich saß damals nach dem Mittagessen auf der Terrasse, als ein imaginärer Dirigent den Taktstock zu erheben schien, ein Zirkadenorchester einsetzte und himmlische Musik einige Male zum Anschwellen und wieder Abklingen brachte.

Schließlich lud mich Christa dann noch für zwei Tage nach Washington ein. Danach sollte ich am 18. September mit der AUA heimfliegen, in Begleitung von Maria aus der Gemeinde in Baden. Dieser Flug wurde jedoch wegen des angekündigten Hurrikans Isabel gesperrt; für den 19. September waren alle Flüge ausgebucht. Christa – in ihrer Fürsorge – machte es dennoch telefonisch möglich, dass ich für den 19. einen Platz mit Umstieg in Kopenhagen bekam, und das noch dazu in der 1. Klasse! Es war ein Erlebnis für mich. *Danke!*

Eine Zusammenfassung

Als Überraschung erhielten Margot und ich am
2. Jänner 2004 in Seebenstein den Besuch von
Sabine aus dem Marburger Kreis mit der Gebets-
aufforderung an mich: „Glaube an die Kraft des
Kreuzes und nimm sie in Anspruch!"

Am 30. Jänner fand dann ein Abschluss-
gespräch mit Simon Polit vom Elijah-House statt,
in dem klar wurde, dass ich von meinem Traum,
in diesem Haus mitzuarbeiten, Abschied nehmen
musste. Der Grund lag in meinem fortgeschritte-
nen Alter. Simon gab mir den Rat, eine Vollmit-
gliedschaft in der Gemeinde zu erwägen, in der
Hoffnung, dass das „Juwel", das in mir stecke, dass
Menschen mich gerne aufsuchen, entdeckt werde.

Am 25. Februar erlebte ich wieder eine
schlimme R.-Nacht. In dem Buch „Mein Äußerstes
für Sein Höchstes" las ich am darauffolgenden Tag
zum Thema „Dienen in Selbstaufgabe" über Paulus
bezugnehmend auf den 2. Korintherbrief:

> „Er war nicht ein Heiliger, der nur das Evan-
> gelium verkündete, sondern einer, der in den
> Händen Jesu Christi zu gebrochenem Brot
> und ausgeschenktem Wein für andere wurde."

Gott weiß, wie sehr mich diese Aussage damals
berührte; mit roter Schrift vermerkte ich darunter
„Ohne Vorbehalt".

Als ich mit Susanne darüber sprach, äußerte sie ihren Eindruck, ich solle ein Buch schreiben, den ich damals aber nicht recht einordnen konnte.

Am 1. März stellte ich Gott wieder die Frage: „Wie geht es weiter?" Seine Antwort war ein dreimaliges „Geduld, Geduld, Geduld – Schritt für Schritt! Lebe in der Aufforderung, dich an meine Gnade zu halten."

Hier passt ein Ausspruch zum „Schmunzeln" her, den uns Maria Prean einmal hatte zukommen lassen: „Gott hat zwei Geschwindigkeitsstufen: ‚langsam' und ‚sehr langsam'." Und ich füge hinzu: „Was wir nur allzu gerne schnell hätten!"

Es ist genug!

Nach zwei weiteren Nächten der Schlafstörung durch Frau R. am 16. und 18. April, die ich als Höhepunkt möglicher Schlafstörungen erlebte, gab Gott mir einen Hinweis in Richtung Mariazellerhof, dass ich eventuell wieder dort wohnen könnte. Ich ging hin und erfuhr, dass der Neubau des Mariazellerhofs nur mehr Kurgästen zur Verfügung stand, aber im Zweitbetrieb Johanneshof sollte ich schon ein Zimmer bekommen können. Ich sprach mit der dortigen Leiterin, Frau Schuster; sie stimmte zu.

Beim diesbezüglichen Telefonat mit Susanne sagte diese, ja, ich solle den nächstmöglichen Termin nehmen und auf ein Ehepaar achten; der Mann sei zuerst dort, die Frau werde nachkommen. So vereinbarte ich mit Frau Schuster den 15. Mai.

Nach meinem Einzug in den 3. Stock in ein kleines Zimmer mit einem winzigen Balkon nahm ich zum Abendessen an einem Tisch neben einer Frau und einem Mann – kein Ehepaar – Platz. Beim Vorstellen sagte der Mann: „Ich bin vorläufig allein hier, meine Frau kommt nach." Ich dachte, es wirft mich vom Sessel! – Gottes Timing ist wunderbar, *danke!*

Es freute mich, dass ich auch dort Gelegenheit zu evangelistischen Gesprächen hatte.

56 Vergebliche Liebesmühe

Vom 16. Juli bis zum 10. August übersiedelte ich zum Schnuppern in das Caritas Seniorenheim in der Renngasse nahe dem Kurpark; eine Wiederholung im September oder später konnte ich mir vorstellen.

Zunächst versuchte ich es wieder in der Wohnung und erlebte gleich am folgenden Tag einen Horrormorgen. Als ich aus dem Badezimmer kam, schlug mir Rauch aus dem Schlafzimmer entgegen; eine zusammengelegte, neben dem Bett liegende Heizdecke hatte aus unerfindlichen Gründen zu brennen begonnen. Ich handelte schnell, riss die Loggiatüre auf, trug die gerade noch fassbare Decke hinaus und warf sie auf die Wiese hinunter, wo sie ausbrannte.

Aber o Schreck! Flugasche war sowohl auf die Loggia als auch auf die Blumen von Frau R. gefallen. Ihre Reaktion war heftig, das Reinigen für mich mühsam.

Sollte ich eine Bilanz über das fünfjährige Zusammenleben mit Frau R. geben, würde ich sagen: Ich habe mich redlich bemüht, Feindesliebe in die Tat umzusetzen, Nächstenliebe in Richtung Barmherzigkeit zu üben, ihr Worte Gottes zu sagen, friedliche Gespräche zu führen, statt eines Beschwerdebriefes Ostergrüße mit einem Packerl an die Türschnalle zu hängen. Und einmal ist es mir sogar gelungen, sie zum Sonntagsgottesdienst in die Gemeinde mitzunehmen; sie sagte, es hätte ihr gefallen, es blieb aber bei diesem einen Mal.

Oliver

Zu Beginn des Jahres 2005 erhielt ich von Gott am 3. Jänner die Weisung, weiterhin im Caritas-Heim parallel zu meiner Wohnung zu wohnen.

Dazu: Im Heim gab es wöchentlich eine Kaffeejause mit etwas Zerstreuung, und wir hatten in Oliver für neun Monate einen super Zivildiener, der mit dabei war. Nachdem die von Gott angeregten Bibelstunden im Heim gescheitert waren, besprach ich mit Oliver den Versuch, etwas Evangelisation in die Runde zu bringen durch das abschnittsweise Vorlesen aus einem Kinder-/Erwachsenenbuch mit dem Titel „Nicht wie bei Räubers", wo ein kleiner Junge – Tom – den König und seinen Sohn kennen lernte, einfach schön beschrieben.

Das Resümee war mager, den größten Gewinn daraus hatte Oliver, mit dem ich, als wir später wieder bei Jausenbegleitung das Büchlein „Wenn Du meinst, lieber Gott" durchgegangen waren, ein Glaubensgespräch führte.

Am 29. September fand fast festlich seine Verabschiedung statt. Ich konnte ihm von Herzen Segenswünsche für seinen weiteren Ausbildungsweg mitgeben.

Eine Zeit lange besuchte er uns immer wieder und spielte noch einmal am 6. Dezember den Nikolo.

Nach ihm wurde die Nachmittagsgestaltung von einem Ehepaar übernommen.

58 Näher! – Aber wie und was?

Der Ausgangspunkt für ein nächstes größeres Geschehen war der 11. Oktober 2005, als ich mich wegen starker Fußschmerzen auf den Weg zu einem Orthopäden machte, der mir als kompetent empfohlen worden war. Die zweite Zehe meines linken Fußes war aus dem Gelenk gesprungen und hatte sich über die große Zehe gelegt.

Nummernmäßig schien die Hauptstraße dahin kein Ende zu nehmen. Und als ich kaum mehr weiter konnte, kam die Stimme Gottes zu mir: „Suche dir eine kleine Wohnung in der Nähe des Heimes."

Vom Arzt erhielt ich eine Spritze und die Verschreibung für orthopädische Schuhe; und ich unternahm Schritte bezüglich der Wohnung, die jedoch nicht von Erfolg gekrönt waren, weil in der Nähe des Heimes keine passende Wohnung angeboten wurde.

Am 7. November besichtigte ich dann doch eine Wohnung im Sonnenhof, nicht so weit weg vom Caritas-Heim gelegen, aber ich spürte nicht die Zustimmung Gottes. Susanne war damals gerade für acht Wochen in Afrika, telefonisch standen wir aber miteinander in Verbindung. Ich rief sie an, sie erhielt vom Herrn das Wort „Näher". So war es auch bei einer weiteren Besichtigung, wieder dieses „Näher". Nach ihrer Rückkehr erzählte sie mir, dass sie bei dem ersten Anruf mitten im

Busch unterwegs gewesen war, in einer Eingeborenenhütte. Noch nie zuvor war sie an so einem abgelegenen Ort telefonisch erreichbar gewesen. Aber wenn Gott etwas wichtig ist, kann er offensichtlich im Handumdrehen eine Telefonverbindung herstellen und so alle zum Staunen bringen.

Hier eine kleine Zusatzinformation: Der Ausgang vom Caritas-Heim in der Renngasse schließt unmittelbar an einen schön angelegten Durchgang in die Innenstadt an. Dort entstanden zur Beethovengasse hin, wo das Kino ist, Neubauten. Mein fast täglicher Weg zu meiner Wohnung in der Valeriestraße führte daran vorbei.

Eines Tages, als ich fast schon am Ende des Durchganges war, spürte ich den Impuls umzukehren; mein Blick wurde auf eine ebenerdige Terrassentür gelenkt. Dort las ich die Mitteilung „zu verkaufen", eine Telefonnummer stand darunter. Ich schrieb sie mir auf und gleich am nächsten Tag rief ich dort an, wo ich die Auskunft erhielt, es gäbe in dieser Anlage noch eine kleine 55 m² große Dachwohnung im Eigentum zu erwerben. Am 12. Dezember nahm ich die Verbindung mit der Maklerfirma auf und besichtigte die Wohnung mit dem zuständigen Rechtsanwalt, ein zweites Mal dann mit einer Frau Opitz. Als ich in der Wohnung stand, hatte ich ganz den Eindruck, diese sei vom Herrn „gewollt", sie war in knapp fünf Minuten vom Heim aus erreichbar.

Am 18. Dezember erhielt ich auch die telefonische Zustimmung von Christa mit einem Hilfsangebot. Meine Zusage für die Wohnung bei Frau Opitz erfolgte am 28. Dezember, ein Termin für die weiteren Schritte wurde für den 19. Jänner um 14 Uhr vereinbart.

Ja, und dann ging es um die Neueinrichtung meines nun kleinen Heimes. Am 15. Jänner unternahm ich mit Brigitta aus der Gemeinde meinen ersten Ausflug zu IKEA. Kaum angekommen in dem großen Möbelhaus gingen wir, wie hingezogen, unmittelbar auf einen schönen Wohnzimmerschrank zu; und ich war mir sicher, das ist er. Ich empfand es als ein kleines „himmlisches Aha-Erlebnis".

Am 26. Jänner war ich dann mit Susanne zum Lutz unterwegs; sie wies mich dort auf einen sehr modernen Schuhschrank für den Vorraum hin – und ich war einverstanden. In tiefer Dankbarkeit und Freude erkannte ich Gottes Mitgestalten beim Einrichten.

Gott erfüllt Wünsche

59

Von einem Gedanken, der schon lange in Christas Herz wohnte, wusste ich: Es war ein Haus am sonnigen Ostufer des Hallstättersees.

Ich glaube mich richtig zu erinnern, dass es einmal im Zuge einer Gosaufreizeit war, dass ich mit ihr auf einer Waldbank ganz nahe am Seeufer saß und sie mir erzählte, dass vor langer Zeit dort eine Stimme in ihr gesagt hatte: „Hier wirst du einmal wohnen." Daraufhin fuhren wir die gesamte Gegend mit den Orten Obersee, Untersee und St. Agatha ab – im Hinblick auf ein Haus; danach sprachen wir darüber.

Ich wohnte weiterhin im Caritas-Heim. Aufgrund meiner sichtbaren Gewichtsabnahme schlugen mir meine Betreuer die Einnahme von „Alline", einer Art Astronautenkost, vor. Ich erbat mir eine Stellungnahme des Herrn zu diesem Alline, und ich stellte auch die Frage an Ihn, ob Christa an ein Haus denken solle. Seine Antwort auf beide Fragen war ein Ja. „Ja, vorgesehen zur Heilung, Wiederherstellung, Fülle und Einheit mit dem Herrn."

Als ich im Juni dann zusammen mit Susanne einmal auf einer Bank im Rosarium saß, erhielten wir im Gebet die Bestätigung: Ja, Gott will Christa ein Haus geben; ich würde es sehen, aber nicht darin wohnen.

Und noch ein weiterer Gedanke in Christas Herz sollte in dem Jahr 2009 in Erfüllung gehen, ein

Computer-Fernstudium in Theologie an der Hochschule in Asbury, Kentucky, USA; Studienbeginn mit dem Herbstsemester, also im September.

Nach den mehrmaligen Ankündigungen von Gott ein Haus für Christa betreffend, tauchte dann über ein Angebot der Volksbank ein Haus in Au am Hallstättersee auf. Christa erwarb es am 30. August 2011; es sollte ein Haus in Seinem Namen und für Seine Zwecke sein, gesetzt zum Segen für viele.

Es war ein schönes Fest

60

Mein 90. Geburtstag am 5. Juli 2011 stand vor der Tür. Einen Monat davor gab der Herr im Gebet mit Susanne folgende Botschaft:

„Ja, sie soll feiern mit Freude und Dankbarkeit. Ich selbst werde anwesend sein und möchte sie an ihrem Geburtstag ehren. Ich liebe und achte sie von Herzen, sie ist sehr tapfer und allen ihren Kampf habe ich nicht vergessen."

Daraufhin begannen die Vorbereitungen zu einem festlichen Mittagessen im Weingut Thallern. Christa übernahm in bewährter Weise die Organisation und ich lud etwa 14 Gäste aus der Gemeinde in Baden ein. Um Geschenkgedanken zu vereinfachen, erbat ich von jedem eine Rose, die dann einen schönen Strauß bildeten. In einer kleinen Ansprache wies ich darauf hin, dass es vorrangig für mich mein 30. geistlicher Geburtstag sei – und dass somit Jesus Christus als Ehrengast unter uns weile. Es war ein schönes Fest und alle hatten sich gefreut.

Vom 23. bis 28. August 2012 machte ich Urlaub in Au im Salzkammergut. Ich schlief im Hotel Post, weil Christas Haus noch ein Provisorium war. Eine an zwei Garagen angebaute große Werkstätte beeindruckte am meisten und wir benannten sie auf „Halle" um, geeignet für Begegnungen mit Gott, die immer wieder unter Seinem Segen stattfinden.

61 Das Schicksalsjahr 2013

In diesem Jahr erhielt ich erst am 7. Februar mit zwei Bibelstellen ein Wort von Gott:

1. Thessalonicher 5,18: „Seid dankbar in allen Dingen; denn das ist der Wille Gottes in Christus Jesus für euch." und

1. Thessalonicher 5,23: „Er aber, der Gott des Friedens, heilige euch durch und durch."

Weiters stimmte mich Seine Zusage „Ich bin für Helga bereit, sie auch für mich?" nachdenklich; und auch das Bild, das ich erhielt „Ich lächle und mache strahlend Türen auf" regte mich zum Nachdenken an.

Meine nächste Erinnerung bezieht sich auf ein Erlebnis am 4. März: Es war zirka 18 Uhr; ich ging von meiner kleinen Wohnung zum Heim und dort Richtung Küche, um mir für das Nachtmahl einen Becher Sauerrahm zu holen. Beim Durchqueren des Speisesaales sah ich Anni aus der Adventgemeinde an einem Tisch sitzen. Sie war schon längere Zeit nicht im Hauskreis gewesen; an diesem Tag war sie ins Caritas-Heim eingezogen, mit der Absicht dort ihren Lebensabend zu verbringen. Wir plauderten miteinander, und nach etwa einer halben Stunde brachen wir auf, um gemeinsam mit dem Aufzug einen Stock höher zu fahren. Ich sagte ihr einige erklärende Worte und sehe noch vor mir, wie ich – sicher lächelnd – die Aufzugtüre aufstieß. Ich nahm mich erst wieder wahr, wie beim Fallen über die Stiege, die gleich neben dem Aufzug verläuft, mein Kopf auf den Stufen aufschlug. Zum „Strahlen" kam es nicht mehr.

Durch den Hilferuf von Anni konnte mich Sr. Nada, die von unten herbeieilte, bei der fünften Stufe aufhalten; sie setzte mich auf die Stufe. Ich blutete am Kopf und hatte starke Schmerzen in Nacken und Kopf.

Nach der Notversorgung durch den Rettungsarzt kam dann im Krankenhaus Baden die Diagnose: Bruch des zweiten Halswirbels, Sehnenriss im rechten Oberarm, Verletzung des rechten Ellbogens. Christa reiste am nächsten Tag aus Au an.

Im Beratungsgespräch mit zwei Chirurgen wurde uns eine Operation, bei der zwei Schrauben gesetzt werden sollten, als die bessere Lösung gegenüber einem monatelangen Tragen einer knappen Halsmanschette dargelegt. Ich wurde noch am selben Tag nach Mödling verlegt und am darauffolgenden Tag operiert. Bis Ende Mai musste ich durchgehend eine stabilisierende Halskrause tragen, dann nur mehr nach Bedarf.

Leider ergab eine Röntgenkontrolle, dass eine Schraube etwas zu lang gewählt war und somit in den Spinalkanal reicht; sie würde behindernd bleiben.

Christas Fürsorge in meiner schweren Zeit war dankenswert groß, denn nebenbei hatte sie noch ihr Studium und auch Arbeiten in Au zu bewältigen.

Auf seltsame Weise ließ mich Gott über einen Rekorder auf den Sender „Radio Maria" stoßen. Das Thema im katholischen Kirchenjahr zu dieser Zeit war „Jesus Christus und das Kreuz"; Radio Maria brachte dazu gute Vorträge, umrandet von schöner Begleitmusik. Ich fühlte mich hineingenommen in eine heilige Atmosphäre, die mir trotz gewisser schmerzhafter Einschränkungen half, wieder auf die Beine zu kommen. Im Heimgarten begann ich wieder meine Runden zu drehen, bald konnte ich Wege mit dem Taxi erledigen; auch an den Gottesdiensten nahm ich, wenn Christa da war, teil.

Ja, und so vergingen Tage, Wochen und Monate bis zu jenem verhängnisvollen 13. November 2013. Nach einem Fußpflegetermin hatte ich für die Heimfahrt ein Taxi bestellt. Vor der Türe stehend „wusste" ich durch das leichte Kippen meines linken Fußes, dass ich fallen würde – und lag schon da. Der gekommene Taxler und die Fußpflegerin halfen mir auf einen Sessel, aber es war schon klar, dass mein linker Oberschenkel gebrochen war. Im Krankenhaus Baden wurde diese Diagnose bestätigt; am nächsten Tag wurde ich – erfolgreich – operiert.

Das Caritas-Heim schlug für die Zeit nach meiner Entlassung aus dem Krankenhaus eine sechswöchige Pflegestation vor, betreutes Wohnen im „Haus Hannes" in Berndorf wurde uns empfohlen. Christa recherchierte in Baden, vergeblich; aus

Berndorf brachte sie die Kunde, dass es noch ein freies Apartment im zweiten Stock oder ein Zweibettzimmer im ersten Stock gäbe, dass dieses Haus aber über keinen Aufzug verfüge, ein Stiegenlift aber bestellt sei. Ein Haus ohne Aufzug war für mich, die ich nicht mehr Stiegen steigen konnte, ein enormes Handicap! Wie sollte es also mit mir weitergehen? Als ich in einer Krankenhausnacht meine Situation vor Gott durchdachte, kam auf einmal Freude in mir auf, sodass ich mich zu einem Ja für den kleinen Wohnbereich im zweiten Stock in Berndorf entschied.

Am 26. November, es war beginnende Adventszeit, zog ich über das dekorierte Stiegenhaus – begrüßt mit einem herzlichen „Willkommen" auf einem großen Transparent – in das Haus Hannes ein. Dann begann das Einleben und die täglichen Gehübungen am Arm einer Schwester auf dem Gang und später im Freien, um wieder fit zu werden. Alle, sowohl die Leitung wie auch das Personal, waren liebevoll zu mir, und ich lernte von ihnen das ernsthafte Spiel von Bitte- und Danke-Sagen bis in die kleinsten Darreichungen.

Für Besucher gab es einen Parkplatz gleich unten vor dem Haus, eine angenehme Sache für sie; alle fanden meine Unterkunft ansprechend und schön.

Michael, einer der Pfleger, speicherte mir Radio Maria in meinen Fernseher ein, sodass mein „Inselleben" ohne Aufzug, im zweiten Stock, von

Heiligkeit durchzogen werden konnte. Die Zeit der Entscheidung, ob ich zurück ins Caritas-Heim gehen oder doch besser in Berndorf bleiben sollte, rückte näher. Gott gab mir deutlich zu erkennen, dass Er für Letzteres war, und ich hatte Frieden damit.

Das gemeinsame Übersiedeln von Baden nach Berndorf ging zügig voran, weil Christa mit Feuereifer und unter erheblichem Krafteinsatz dabei war. Und dann erinnere ich mich an das erste Weihnachtsfest in Berndorf. Wir stellten am Nachmittag eine mitgebrachte Krippe auf, und es gelang uns, mit einfachen Mitteln dem Abend ein feierliches Gepräge zu geben.

Das Jahr 2014 war für mich ein fröhliches Jahr. Ich las die beeindruckende Geschichte der Krupp-Dynastie, lud gerne Personen, die mich bei meinen Spaziergängen begleiteten, in die nahe gelegene Eisdiele ein, und ich war dankbar erstaunt, dass so ziemlich alles Wesentliche, wie eine Apotheke, eine Post, eine Bank, vier Supermärkte zur Wahl, wie auch eine große Bipa-Filiale in einer kleinen Fußgeherzone, zu Fuß erreichbar ist.

Anfang Februar wurde auch der versprochene Stiegenlift eingebaut, von da an konnte ich wieder an die frische Luft und genoss es, in Schwesternbegleitung am Vormittag kleine Runden zu drehen; Nachmittagsspaziergänge dem Wasser entlang liebte ich besonders.

Die beiden Jahre 2015 und 2016 standen unter der Botschaft Gottes „*Meine geliebte Tochter, ich will dich **ganz** für mich haben*", und ich gab mich Ihm auf meiner kleinen Insel *ganz* hin. Ich erlebte Entzug, Anfechtungen und zugleich die Fülle Seiner unaussprechlichen Liebe in einer großen Tiefe, biblisch untermauert durch die Seligpreisungen aus Matthäus 5.

Mit dem Haus Hannes ging es ab 2016 leider bergab; der Leiter Hannes hatte 2015 einen Unfall mit schwerem Bandscheibenvorfall erlitten, seine Arbeitsunfähigkeit im Pflegebereich war die

Folge. Am 31. März 2017 wurde das Haus Hannes geschlossen.

Durchhalten

war für mich angesagt.

Ich blieb in meinem kleinen Refugium zurück und erhielt durch eine segensreiche Führung Gottes im Februar 2017 eine 24-Stunden-Betreuung, durchgeführt von zwei entschiedenen Glaubensgeschwistern aus Rumänien, die einander zweimonatlich abwechseln.

Dennoch bedurfte es auch der Anrufung Gottes. Unter Schmunzeln sagte ich öfters heimlich: „Du Schleifstein meiner Heiligkeit, sei hochgelobt in Ewigkeit."

Im Jahr 2018 erlebte ich mein sechstes Weihnachtsfest in Berndorf und bin im 98. Lebensjahr mit dem Eintreten in das Jahr 2019 in der Gegenwart gelandet. Das „Durchhalten bis zuletzt" ist im Christusbewusstsein noch im Laufen – aber dann:

„Ihn sehen, wie Er ist!"
(1. Johannesbrief 3,2)

.

FSC

www.fsc.org

MIX

Papier aus ver-
antwortungsvollen
Quellen

Paper from
responsible sources

FSC® C105338